ET GASTON MIRON

TYPO EST DIRIGÉE PAR
MARIE-PIERRE BARATHON
ROBERT LALIBERTÉ
ET JEAN-YVES SOUCY

L'éditeur tient à remercier Mme Monique Lelièvre et M. Éric Lelièvre qui ont grandement contribué à l'élaboration de l'intégrale des chansons ainsi que M. Laurent Lavigne qui a coordonné l'ensemble de la présente édition.

Sauf indication contraire, la musique et les textes de présentation des chansons sont de Sylvain Lelièvre. Ces derniers sont tirés d'entretiens avec l'auteur, ce qui explique leur ton familier.

TYPO bénéficie du soutien de la Société de développement des entreprises culturelles du Québec (SODEC) pour son programme d'édition.

Gouvernement du Québec – Programme de crédit d'impôt pour l'édition de livres – Gestion SODEC.

Nous reconnaissons l'aide financière du gouvernement du Canada par l'entremise du Programme d'aide au développement de l'industrie de l'édition (PADIÉ) pour nos activités d'édition.

Nous remercions le Conseil des Arts du Canada de l'aide accordée à notre programme de publication.

LE CHANTEUR LIBRE

SYLVAIN LELIÈVRE

Le chanteur libre

Intégrale des chansons

Préface de Robert Léger

TYPO
Une compagnie de Quebecor Media

Éditions TYPO
Groupe Ville-Marie Littérature inc.
Une compagnie de Quebecor Media
1010, rue de La Gauchetière Est
Montréal, Québec H2L 2N5
Tél.: 514 523-1182
Téléc.: 514 282-7530
Courriel: vml@sogides.com

Maquette de la couverture: Anne Bérubé
Photo de la couverture: Laurence Labat

Catalogage avant publication de Bibliothèque et Archives nationales du Québec
et Bibliothèque et Archives Canada
Lelièvre, Sylvain, 1943-2002
Le chanteur libre
ISBN 978-2-89295-230-8
1. Chansons françaises – Québec (Province) – Textes. 2. Musique populaire
– Québec (Province) – Textes. I. Titre.
M1679.18.L195C42 2008 782.42164'0268 C2008-940694-X

DISTRIBUTEURS EXCLUSIFS:

• Pour le Québec, le Canada
et les États-Unis:
LES MESSAGERIES ADP*
2315, rue de la Province
Longueuil, Québec J4G 1G4
Tél.: 450 640-1237
Téléc.: 450 674-6237
*filiale du Groupe Sogides inc.,
filiale du Groupe Livre Quebecor Media inc.

• Pour la Belgique et la France:
Librairie du Québec / DNM
30, rue Gay-Lussac, 75005 Paris
Tél.: 01 43 54 49 02
Téléc.: 01 43 54 39 15
Courriel: direction@librairieduquebec.fr
Site Internet: www.librairieduquebec.fr

• Pour la Suisse:
TRANSAT SA
C.P. 3625, 1211 Genève 3
Tél.: 022 342 77 40
Téléc.: 022 343 46 46
Courriel: transat-diff@slatkine.com

Pour en savoir davantage sur nos publications,
visitez notre site: www.edtypo.com
Autres sites à visiter: www.edvlb.com • www.edhexagone.com
www.edhomme.com • www.edjour.com • www.edutilis.com

Édition originale: © Sylvain Lelièvre,
À mots découverts, Montréal, VLB éditeur, 1994

Dépôt légal: 2e trimestre 2008
Bibliothèque et Archives nationales du Québec, 2008
Bibliothèque et Archives Canada

ISBN 978-2-89295-230-8

Préface

Je vous propose l'exercice suivant. Ouvrez ce recueil de Sylvain Lelièvre n'importe où et lisez le texte qui vous tombe sous les yeux. Allez cinquante pages plus loin... puis revenez sur vos pas, en lisant toujours au hasard. Vous aurez beau continuer longtemps ce petit jeu d'aller-retour, vous serez étonné par la qualité constante que vous y trouverez. Bien sûr, certains textes vous feront frissonner encore une fois, même après vingt ans, tandis que d'autres vous toucheront peut-être moins. Bien sûr, au détour d'une page, pour ajouter à l'enchantement, une musique se mettra à jouer en sourdine sous les mots... et vous direz : « Ce n'est pas du jeu ! » Mais je vous défie de prendre le parolier en défaut. D'y débusquer des clichés, une maladresse, un vers bâclé.

Vous vous direz : « Normal... c'est un métier qu'il a peaufiné au fil de centaines de chansons. » Et il est vrai que les dernières œuvres, d'une beauté grave, intime, atteignent des sommets de fluidité et de simplicité :

> Je n'ai rien laissé derrière
> Qu'une prison familière
> Dont j'étais moi-même le geôlier
> Que des barreaux que j'avais

Tracés moi-même à la craie
Quand je n'étais encore qu'un écolier
Que des fudges et des cantiques
Des Messerschmitt en plastique
Des framboises et des baigneuses nues
Des dessins pleins de secrets
Des silences et le regret
D'une enfance à peine entraperçue

(« Je descends à la mer »)

Mais alors que penser d'un passage comme celui-ci

Je me fuis chaque jour mais jamais ne m'échappe
Et la vie me rattrape avec ses bras de plomb
C'est la voix d'un ami, non c'est un chien qui jappe
À déchirer la nuit, la mort dans les talons

(« Avec une craie blanche »)

qui date de 1964 alors que Sylvain n'a que vingt ans? Mais où a-t-il trouvé le temps d'acquérir ce savoir-faire précoce alors qu'il passe ses journées à terminer ses études en lettres, à dessiner des plans de maisons ou à retranscrire les solos de piano d'Eddy Duchin?

Vous chercherez la faille: « D'accord! c'est un habile technicien de la langue, mais serait-ce au détriment de l'émotion?... »

Mais...

J'ai des silences qui sont des cris
Des bémols qui sont des abris frileux
Et des blues en pantalon gris
Sur des accords en veston bleu

(« Pantalon gris et veston bleu »)

ou…

On défilait pas toujours sages
En entonnant « Le déserteur »
Se peut-il qu'en prenant de l'âge
On déserte son propre cœur

(« Qu'est-ce qu'on a fait de nos rêves ? »)

Je vous préviens : vous risquez d'être victime d'un léger vertige et de vous mettre à douter (salutaire sagesse) de vos propres capacités devant une telle maîtrise.

Et, en même temps, vous risquez aussi d'avoir le goût de partager. D'offrir ce recueil à de jeunes auteurs-compositeurs, aux prises avec les contraintes de concision, de rime, de métrique qu'impose l'écriture de chansons et pour qui la langue s'avère un lourd bateau à manœuvrer dans l'étroitesse du chenal. Car l'exemple le plus probant que nous laisse Sylvain Lelièvre est celui d'un artisan. Patient, passionné, amoureux de son art.

Dans la maison, y a mon piano
– Mon premier baiser, mon dernier naufrage –
Où sur l'ancien métier des mots
Quelque chanson dort à l'ouvrage

(« Pantalon gris et veston bleu »)

Et c'est à cause de son engagement dans son art que ses chansons demeurent, d'une beauté que le temps ne pourra jamais égratigner. Tu avais bien raison, Sylvain : « Y a pas plus beau métier… »

ROBERT LÉGER

Contrepoint musical

Les textes qui suivent peuvent se lire comme des poèmes. C'est sans doute la raison pour laquelle Sylvain acceptait de les publier et de les partager avec vous. Cependant, ces mots ne prenaient tout leur sens, toute leur réalité qu'avec la musique qui les épousait. Pour Sylvain, le texte et la musique formaient un corps nouveau, un tout indissociable. Mon propos ne vise pas à analyser l'œuvre de Sylvain, pas plus qu'à parler d'influences musicales, mais de présenter un homme passionné de musique, d'une curiosité aussi précoce qu'insatiable, en le situant dans l'univers musical qui l'a motivé, lui donnant le goût d'y joindre humblement sa voix. Ce que je vous propose est un parcours musical un peu comme le cinéaste Pedro Almodóvar a fait en contrepoint de son film *Parle avec elle*. La musique que Sylvain vous aurait fait entendre à la maison en sirotant une bière ou en buvant un café !

Romance : Paris et New York

Les années cinquante représentent une période d'une effervescence rare dans l'histoire de la musique populaire. Dès l'âge de huit ans, alors que n'existent que le phonographe et la radio, Sylvain tend l'oreille à tout ce qui se donne à entendre : la chanson française, bien sûr, mais aussi les grands orchestres de jazz américains et la chanson populaire américaine médiatisée par le cinéma. À la maison, maman, papa et tante Lucette écoutent Jean Sablon, Édith Piaf, Lucienne Delisle, Patachou, Maurice Chevalier, Yves Montand. Maman chante leurs chansons à sa manière, balisant ainsi le quotidien de petits bonheurs. Mais le nom à retenir ici est celui de Charles Trenet. Sylvain voit rapidement chez lui le créateur de la chanson moderne faisant valser les mots sur des musiques qui touchent le cœur. « La mer » s'emparera de Sylvain déjà sensible aux courants de l'eau : modèle d'écriture de chansons certes, mais d'abord et avant tout muse inspiratrice de beauté et de vie. La chanson « jazzy » des années trente à Paris, au moment où Django Reinhardt accompagnait Trenet, Sylvain lui rend hommage dans « Fleurs de grésil » et « Les choses inutiles ».

À la maison familiale, au début des années cinquante, le dimanche midi, sept heures exactement avant le *Chapelet en famille*, la radio déversait les airs de swing des grands orchestres de Glenn Miller, de Guy Lombardo, des frères Tommy et Jimmy Dorsey. Évocation pour la mère et la tante des « Ain't She Sweet » de leur jeunesse, fascination de Sylvain pour le mariage heureux du rythme et de la mélodie. Il rendra plus tard hommage aux frères Dorsey dans « Le croque-mort à coulisse ». Au début des années cinquante, la chanson populaire américaine vit une véritable histoire d'amour avec le cinéma. Aujourd'hui, le groupe Pink Martini fait revivre des airs de cette époque. Déjà séduit à jamais par *Casablanca* (le poster d'Audrey Hepburn demeura longtemps dans le sous-sol de la maison), Sylvain sera vraiment envoûté par les chansons écrites pour ces films par les plus grands compositeurs : dès 1951, des chansons de Tony Bennett comme « Because of You » et « There's a Song in my Heart » ; en 1955, « Love Is a Many-Splendored Thing » (Alfred Newman/Sammy Fain). Ces chansons pleines de candeur et d'enthousiasme traduisent le désir des jeunes Américains d'oublier la guerre de Corée. Je m'en souviendrai toujours, la première partition que j'ai vue sur le piano familial est celle de « Three Coins in a Fountain » (Victor Young). Puis, *Canadian Sunset* d'Eddie Heywood. Cette période sera évoquée avec une belle nostalgie dans la chanson « La lanterne magique ».

Eddy Duchin Story

En 1956, Sylvain a treize ans : coup de cœur, coup de foudre ! Un film, alliant musique et romantisme, *Eddy Duchin Story*, avec Tyrone Power et Kim Novak, va exercer une influence déterminante sur lui, donnant un sens à ces premières années d'émotions musicales. Il le regarde en boucle. Duchin est un joueur de piano, il fait des arrangements, il dirige son orchestre. Ce musicien, plus qu'un poète de l'écrit, a les pouvoirs d'un dieu, mais reste profondément humain. La carrière musicale de Sylvain prend naissance ici. Presque quarante ans plus tard, rapaillant les fragments de sa mémoire, il écrit *Le troisième orchestre*. Dans ce roman, le personnage principal, Benoît, part à la recherche d'un pan oublié de la carrière du grand chef d'orchestre.

Félix ou Mozart ou Coltrane

Ces trois génies de la musique que Sylvain nous invite à écouter dans « Toi l'ami » (Félix ou Mozart ou Coltrane) rendent compte des formes diverses que peut prendre l'expérience musicale. Quelques mois après l'événement Duchin, Sylvain décide d'apprendre le piano. Tante Lucette lui en enseignera les premiers rudiments : au piano, cette fois, des partitions de Chopin. Par la suite, Sylvain écoutera particulièrement les *impressionnistes*: Fauré, Ravel, Debussy. Je l'entends encore me parler avec émotion des *Trois Préludes* de George Gershwin, inspirés des compositeurs français. De « Reflections in D » ou de « Melancholia » de Duke Ellington en filiation avec ces créateurs du champ classique. Les jazzmen comme Miles Davis, Thelonious Monk et John Coltrane, les musiciens de ce qu'on appelle la *West Coast* exerceront une influence sur Sylvain, mais surtout les compositeurs du *Great American Songbook*: Cole Porter, Richard Rodgers et Irving Berlin. Il vouait une affection particulière à Hoagy Carmichael dont la pièce « Stardust », écrite en 1924, est une œuvre fondatrice pour bien des musiciens de jazz. Avec les années, Sylvain était devenu un chanteur dans la tradition du *cool* avec un registre voisin de celui de Carmichael et de João Gilberto. Enfin, Sylvain demeure un auteur-compositeur-interprète fortement enraciné dans la chanson d'expression francophone. Sylvain avait une connaissance approfondie mais surtout amoureuse des œuvres de Leclerc, Vigneault, Ferré, Nougaro. Brassens, pour sa maîtrise inégalée du vers, Brel, pour la dimension théâtrale, les deux, pour leur capacité de traduire l'essentiel de la vie humaine, ne cesseront de le fasciner. L'une des plus belles chansons de Sylvain, « Quand même », exprime une réflexion du même ordre sur la condition humaine.

Kerouac et le rythme de l'Amérique

En 1967, Fernand Séguin reçoit en entrevue au *Sel de la semaine* le romancier américain Jack Kerouac. L'écrivain bouleverse Sylvain. Dix ans après, au moment le plus fort du nationalisme québécois, il écrira « Kerouac », un texte qui rend hommage à ce « mononcle des États », Québécois d'origine ayant, en moins de deux générations, perdu sa langue maternelle. Il établit en quelque sorte un parallèle entre le destin de Kerouac et la précarité linguistique du Québec. Sylvain a aussi découvert chez lui un formidable commentateur de jazz comme en témoigne une description saisissante du pianiste George Shearing dans *Sur la route*. Par ailleurs, le début des années soixante-dix amène Sylvain à découvrir les auteurs-compositeurs-interprètes anglophones dont la langue suit d'autres rythmes : Joni Mitchell, Paul Simon, Carole King, Carley Simon, James Taylor et surtout Randy Newman et Janis Ian. Une chanson de 1972, « Le tricot », me semble teintée d'harmonies nouvelles. Une chanson de 1979, « Quelque part dans un bar », offre l'économie, la concision des textes de Newman.

Le pianiste de jazz

Sylvain m'a surtout fait écouter des pianistes de jazz : Duke Ellington, Teddy Wilson, Nat « King » Cole, Art Tatum, Oscar Peterson et beaucoup George Shearing et Bill Evans. Le dernier disque qu'il ait réalisé en studio, *Les choses inutiles*, semble imprégné des pianistes du *hard bop* des années cinquante et de leurs « accords fuckés » : Red Garland, Hank Jones, Wynton Kelly. Avec *Versant Jazz, volumes 1 et 2*, le pianiste de jazz qu'il avait rêvé d'être livre des interprétations très personnelles de « Round Midnight », de Thelonious Monk, et de « Solitude », de Duke Ellington. Sur cet enregistrement d'un concert donné au Lion d'Or en novembre 2001 apparaît clairement la notion de trio de jazz. De plus en plus, Sylvain écrivait des musiques avec ou pour le contrebassiste Vic Angelillo et le batteur Gérard Masse.

À cette occasion, la section de cuivres composée de Richard Beaudet, de Ron Di Lauro et de Kelsley Grant se joignait au trio.

Ce parcours musical agit en contrepoint des textes que vous allez lire, dialogue animé entre musiciens qui ont passionné Sylvain et l'œuvre profondément originale qu'il nous a offerte.

DENYS LELIÈVRE

CHANSONS
(1960-2001)

ABRAHAM ET PAPA*

Autrefois Yahvé vint prendre le thé
Chez son vieux pote Abraham
Il lui dit : « Mon vieux, t'as l'air de douter
Je dois éprouver ton âme
Si tu crois en moi, si j'ai ton soutien
En un mot si t'as la foi
Ton petit vaurien de fils qui fout rien
Tu l'immoleras pour moi »

Toi t'aurais jamais fait ça, papa
Non t'aurais jamais, jamais fait ça

Faut dire qu'Abraham approchait alors
Plus ou moins cent quarante ans
Qu'il fût quelque peu fêlé sur les bords
C'est bien possible et pourtant
Il partit dès l'aube du lendemain
Emmenant son fils avec lui
Et sans dire un mot il prit le chemin
Dont son Dieu l'avait instruit

Toi t'aurais jamais fait ça, papa
Non t'aurais jamais, jamais fait ça

* Dernière chanson écrite.

« Pourquoi tant de bois ? » demande Isaac
(Tel était le nom du fils)
Son père lui répond sans le moindre trac :
« On va faire un sacrifice »
« Épatant ! dit l'autre, mais y'a pas d'agneau ?
Sans agneau, pas de méchoui »
Mais soudain le vieux brandit son couteau
Soudain le fils a compris

Toi t'aurais jamais fait ça, papa
Non t'aurais jamais, jamais fait ça

On connaît la suite : l'Ange est arrivé
Stoppant le bras du prophète
Faut croire que la chose amusa Yahvé
Puisqu'un jour il l'a refaite
Des siècles plus tard, sous un autre nom
Il envoie son propre fils
Crever sur la croix, mais pas d'ange, non
Pour le soustraire au supplice

Toi t'aurais jamais fait ça, papa
Non t'aurais jamais, jamais fait ça
Toi t'aurais jamais fait ça, papa
Non t'aurais jamais, jamais fait ça, papa !

2001

LES AMOURS ANCIENNES*

J'ai la nostalgie des amours anciennes
Aux parfums d'été habillés de vous
Vous étiez dimanche au cœur des semaines
Vous étiez dimanche et l'air était doux
Que sont devenues les saisons anciennes
Aux parfums d'été habillés de vous
Le temps est perdu qui est temps de peine
Le temps est perdu qui est loin de vous

À tuer mes jours d'aussi longue absence
Vous dûtes vieillir en tristes atours
Ne reste-t-il pas le soir d'une chance
Ne reste-t-il pas quelque carrefour
Qu'elles étaient folles nos promenades
Au fond des ruisseaux et des océans
Vous rappelez-vous nos mille noyades
Vous rappelez-vous ces lumineux chants

Que sont devenues les amours anciennes
Aux parfums d'été habillés de vous
Le temps est fané qui est mort de peine
Le temps est fané qui est mort de vous
Ce ne sont que jeux, que vaines images
Et je ne sais rien, rien du tout de vous
Ni votre prénom ni votre visage
Et le temps a fui vers on ne sait où

1962

*Grand Prix au concours international *Chansons sur mesure* en 1963. Interprétée par Monique Leyrac.

LES AMOURS DE QUINZE ANS

Les amours de quinze ans s'en vont sur les trottoirs
Menant main dans la main leur cœur à la fontaine
On les voit tendrement qui traversent le soir
Les amours de quinze ans s'en vont à la fontaine
Ils marchent lentement comme déjà plus lourds
Doucement gravement et leur pas sonne à peine
C'est pour écouter mieux le chant de leur amour
Ils marchent lentement et leur pas sonne à peine

Ils connaissent le poids du moindre frôlement
De la main de la joue de l'œil et du corsage
Le hasard les fait-il se toucher en dansant
Ils connaissent le poids de l'œil et du corsage
Ils se font des romans s'inventent des douleurs
Le bonheur innocent ce n'est plus de leur âge
Et les mots qui les tuent ne sont pas tous les leurs
Ils se font des romans c'est déjà de leur âge

C'est un soir en passant sous un saule mouillé
Qu'ils se sont arrêtés qu'il lui a dit je t'aime
Et la brume abrita leur tout premier baiser
C'est un soir en passant qu'il lui a dit je t'aime
Qu'importe si demain les sépare à jamais
L'été ne vient jamais avant les alouettes
Si beau que soit juillet rien ne remplace mai
Qu'importe si demain chasse leurs alouettes

Les amours de quinze ans s'en vont sur les trottoirs

1962

APRÈS L'HIVER*

Lorsque la source vive
Déchirera la neige
Pour boire la lumière,
Lorsque le champ de blé
Découvrira son corps
Au pas de la bergère

Alors dans ma maison y'aura du pain, ma mie,
Alors dans ma maison y'aura du pain, ma mie.

Lorsque le long soleil
Réchauffera le cœur
Des joyeuses rivières,
Lorsque le fiancé
Retrouvera les yeux
De la promise fière

Alors dans ma maison y'aura du pain, ma mie,
Alors dans ma maison y'aura du pain, ma mie.

Lorsque la fleur d'été
Sera morte d'amour
Dans le lit de la terre,
Et lorsque de la mort
On tirera la vie
Comme une joie légère

*Chanson primée au *Concours de la Chanson canadienne* en 1962.
Interprétée par Aimé Major.

Alors dans ma maison y'aura du pain, ma mie,
Alors dans ma maison y'aura du pain, ma mie.

Je t'attendrai

novembre 1961

AQUARELLE

Je voulais t'offrir une chanson douce
Un petit lit d'herbe où te reposer
Une plage d'ombre à l'odeur de mousse
Un petit ruisseau pour nous y baigner
Mais voici l'hiver plus d'herbe ne pousse
La rivière est blanche et les mots gelés
Je voulais t'offrir une chanson douce
N'en retiens ma mie que le mot *été*

Je voulais t'offrir une chanson tendre
Comme un coin d'enfance où ni les tourments
Ni les cris du jour ne se font entendre
Comme au bois de quand nous avions dix ans
Mais partout dehors on s'affaire à tendre
Les pièges des grands sur tous les ciments
Je voulais t'offrir une chanson tendre
N'en retiens ma mie que le mot *enfant*

Je voulais t'offrir une chanson belle
Comme un peu de toi sous un abat-jour
De mots inventés de notes nouvelles
Qui diraient de nous que c'est pour toujours
Mais je ne sais rien que des ritournelles
Ce toujours ressemble à tous les toujours
Je voulais t'offrir une chanson belle
N'en retiens ma mie que le mot *amour*

1970

AU MILIEU DE NOUS DEUX

« Au milieu de nous deux », c'est une chanson d'amour, qui est aussi très personnelle, c'est sûrement la chanson la plus personnelle que j'aie écrite. C'est ma vie d'amoureux à moi, avec ma blonde à moi. Ça a été aussi une chanson de voyage. On a eu la chance cet été-là de faire une petite tournée, dans de petites salles, sans équipe technique. On était donc tous les deux, et on roulait peut-être un, deux, trois cents kilomètres chaque matin, puis on allait s'installer pour le spectacle le soir, dans des paysages assez magnifiques : depuis la région d'Ottawa-Hull, en passant par Tadoussac, toute la péninsule gaspésienne jusqu'à l'Acadie. Et puis un petit peu aussi le Saguenay, Grand-Mère... C'est un petit peu ce voyage-là avec des images. Je dis par exemple : « Au milieu de nous deux, il y a des bateaux-passeurs. » C'est un mot que je ne connaissais pas, que j'ai trouvé à Tadoussac. J'habitais un motel à Tadoussac, rue du Bateau-Passeur, qui est une expression tout à fait québécoise. Alors, « Au milieu de nous deux, il y a des bateaux-passeurs », c'est une image volée, ça, au plaisir de la tournée.

Au milieu de nous deux, y a cet amour si tendre
Si tendre qu'on a peur qu'il s'égare en chemin
Dès qu'on le croit perdu, c'est lui qui vient nous prendre
Comme un enfant nous prend quand il nous prend la main

Au milieu de nous deux, y a des airs de voyage
Des soleils jamais vus, des masques qui font peur
Mais plus on prend le temps et moins on prend de l'âge
Au milieu de nous deux, y a des bateaux-passeurs

Au milieu de nous deux, il y a le temps qui passe
Sans jamais avoir l'air d'être le temps qui fuit
Et plus les jours sont courts et moins il y a d'espace
Pour tout ce qui n'est pas toi et moi aujourd'hui

Au milieu de nous deux, y a toujours un mystère
Une chambre d'hôtel, un prochain rendez-vous
Un vertige volé à l'usage ordinaire
Y a toujours quelque part un ailleurs entre nous

Au milieu de nous deux, y a des instants magiques
Pris à la dérobée à même le parcours
Quand on oublie les mots, y a toujours la musique
Au milieu de nous deux, y a des sorties d'secours

Au milieu de nous deux, il y a le temps qui passe
Sans jamais avoir l'air d'être le temps qui fuit
Et plus les jours sont courts et moins il y a d'espace
Pour tout ce qui n'est pas toi et moi aujourd'hui

1989

AU MOIS DE MAI*

J'ai écrit ma première chanson, paroles et musique, en un peu plus de six heures. Je m'en souviendrai toute ma vie, c'était le 1er février 1960. L'hiver nous faisait le cadeau d'un redoux. J'attendais un autobus de banlieue, qui refusait d'arriver, quand, tout à coup, sans prévenir, un air s'est mis à se laisser chanter en moi. Un air si simple, si léger, qu'il me faisait presque, d'un même souffle, cadeau des paroles. Je dis bien « presque », je n'étais tout de même pas sous le coup de la dictée divine comme, paraît-il, les auteurs des Saintes Écritures. Je me trouvais astreint, comme tout un chacun, aux humbles contraintes de la rime et de la narration. Mais j'avais une puissante source d'inspiration parce que, ma chanson, je l'écrivais en secret pour Édith Piaf, rien de moins.

C'étaient deux copains du même âge
Qui revenaient à leur village
Ils avaient couru par le monde
Z'avaient aimé brunes et blondes
Ils avaient vu la mer immense
Ils avaient vu le ciel de France
Et les montagnes aux pics glacés
Et le soleil du mois de mai

Les bourgeons fleurissent au mois de mai
Les oiseaux reviennent au mois de mai
Les sources jaillissent dans les bosquets
Et l'amour renaît
Mais avec novembre tout est fini
Plus d'oiseaux qui dansent dedans leur nid
Plus de fleurs qui dansent au vent du Midi
Et l'amour s'enfuit

* Première chanson écrite en février 1960.

Et les deux copains du même âge
Marchaient, marchaient vers leur village
Ils ne savaient pas que la guerre
Avait rasé toutes les chaumières
Avait tué tous leurs parents,
Tous leurs amis et celles aussi
Qui les attendaient patiemment
Et qui avaient pleuré souvent

Les bourgeons fleurissent au mois de mai
Les oiseaux reviennent au mois de mai
Les sources jaillissent dans les bosquets
Et l'amour renaît
Mais avec novembre tout est fini
Plus d'oiseaux qui dansent dedans leur nid
Plus de fleurs qui dansent au vent du Midi
Et l'amour s'enfuit

Et les deux copains du même âge
Marchaient sans jamais de relâche
La tête basse et le cœur gros
Z'avaient les yeux pleins de sanglots
Z'allaient reconquérir le monde
Aimer encore brunes et blondes
Et chercher par delà les prés
Un peu d'soleil du mois de mai

Les bourgeons fleurissent au mois de mai
Les oiseaux reviennent au mois de mai
Les sources jaillissent dans les bosquets

Et l'amour renaît

1960

LES AUTOROUTES

Toutes les autoroutes
Se ressemblent la nuit
Elles sont sans déroute
Et déroulent l'ennui
Des villes d'où elles viennent
Et des villes où elles vont
Mais jamais ne parviennent
À percer l'horizon

Et les phares se toisent
S'appellent sans espoir
Puis vitement se croisent
Et se noient dans le noir
Et le noir goutte à goutte
Les avale sans bruit
Toutes les autoroutes
Se ressemblent la nuit

Une radio lointaine
Fredonne au voyageur
Une musique ancienne
Qui le transporte ailleurs
À l'époque où ses rêves
Ressemblaient à demain
Et la mort fait la trêve
L'espace d'un refrain

C'est un sourire fade
Qui verse un faux café
Dans une fausse rade
Où le rêveur fané
Vient secouer ses doutes
Sans savoir s'il a fui
Sans savoir si sa route
Le ramenait chez lui
Toutes les autoroutes
Se ressemblent la nuit

1979

AVEC LE VENT

Avec le vent qui va dansant
Aux bras des arbres du printemps
Depuis le fond des bois jusqu'à la mer
En passant par ta rue
Moi je m'en vais où tu m'emportes
Loin des sentiers des feuilles mortes
Vers le soleil

Parmi les ailes des oiseaux
La boue des champs le chant des eaux
Cheveux roulés dans les rivières
Les yeux mêlés à la lumière
Ouvre les bras c'est notre tour
La terre boit à nos amours

> Le soleil joue dans la cuisine
> Comme sur l'herbe de la cour
> Dans le jardin de la voisine
> Avec les enfants d'alentour
> J'ai pris ta main c'est sans retour
> L'aube nous a surpris ensemble
> Et nous marchons au pas des jours
> Parmi ceux-là qui nous ressemblent

Avec le vent qui va dansant
Aux bras des arbres du printemps
Depuis le fond des bois jusqu'à la mer
En passant par ta rue
Moi je m'en vais où tu m'emportes
Loin des sentiers des feuilles mortes
Vers le soleil

Parmi les ailes des oiseaux
La boue des champs le chant des eaux
Cheveux roulés dans les rivières
Les yeux mêlés à la lumière
Ouvre les bras c'est notre tour
La terre boit à nos amours

1962-1966

AVEC UNE CRAIE BLANCHE

Avec une craie blanche au dos des trottoirs gris
Dessinent les enfants des tombes pour les feuilles
Et le vent vient levant se mêler à leurs cris
Mais ce sont nos vingt ans que les enfants défeuillent
Avec une craie blanche au dos des trottoirs gris

Je me fuis chaque jour mais jamais ne m'échappe
Et la vie me rattrape avec ses bras de plomb
C'est la voix d'un ami, non c'est un chien qui jappe
À déchirer la nuit, la mort dans les talons
Je me fuis chaque jour mais jamais ne m'échappe

Pendant qu'au loin la mer déroule ses amours
Les secrets les plus beaux n'ont point trouvé d'oreille
Les plus belles chansons sont encore loin du jour
Au ventre des pianos, dans l'ombre, elles sommeillent
Pendant qu'au loin, la mer déroule ses amours

Nous sommes tous les deux, plus seuls et plus ensemble
S'il faut aller plus loin, je n'irai point sans toi
Sans toi je ne sais plus même à qui je ressemble
Il fait froid, viens plus près, la pluie crève le toit
Nous sommes tous les deux plus seuls et plus ensemble

Dans la brume qui pèse, opaque à l'infini
Comme un phare s'allume et s'éteint l'espérance
C'est peut-être demain que tout sera fini
Mais nous repartirons pour crever le silence
Avec une craie blanche au dos des trottoirs gris

1964

LA BADLOQUE

C'est une vieille gomme qui t'colle au pied
Une dent qui tombe de ton dentier
C'est un Pepsi qu't'as renversé
Avant d'avoir bu une gorgée
C'est l'autobus qui t'passe au nez
En prenant soin d't'éclabousser
C'est pas trouver d'place pour pisser
En plein hiver, les pieds ben gelés
La badloque, la badloque
La badloque...

C'est fidèlement tous les jeudis
Prendre ton billet pour la loterie
Pour fidèlement le vendredi
Voir que la luck t'a pas souri
C'est fidèlement tous les samedis
Vouloir prendre la brosse de ta vie
Pour te retrouver ben endormi
Après deux bières, deux bières et demie
La badloque, la badloque
La badloque...

C'est la belle job que t'as trouvée
Mais c'est la crise qu'est arrivée
Pis comme t'étais l'dernier rentré
Ben, t'es l'premier qu'on a clairé
C'est la belle fille que t'as crousée
Pour une fois, tout a ben marché
Mais depuis qu'a t'a consolé
Ben t'en finis pus de t'gratter
La badloque, la badloque
La badloque...

C’est une sorte de fatalité
Qui parle anglais pour t’écœurer
C’est une sorte de démocratie
Où t’es jamais du bon parti
C’est venir au monde pour un p’tit pain
Dans un pays de papier peint
Une espèce d’erreur historique
Perdue au nord des Amériques
La badloque, la badloque
La badloque...

1982

LA BANLIEUE

À vingt minutes du centre-ville
J'habite une jolie maison
Dans une banlieue propre et tranquille
Loin du bruit et d'la pollution
Chaque matin je me réveille
Dans la fidèle fatalité
De l'autoroute où s'embouteillent
Les travailleurs bien cravatés

Je suis de la classe moyenne
Ça veut dire que j'suis endetté
Jusqu'au jour où la mort survienne
Car pour la mort, j'suis assuré
Mais pour la vie c'est la finance
À qui j'dois tout : mon bungalow
Mon frigidaire et mes vacances
Mes plants d'tomates et mon auto

J'ai deux enfants qui sont mon âme
Et que j'adore évidemment
Comme leur maman qui fut la femme
Dont autrefois j'étais l'amant
Mais maintenant c'est l'habitude
Où l'on fait semblant d'être heureux
Et qui connaît la solitude
Sait qu'elle est plus terrible à deux

Parfois je rêve à mon enfance
Et dans le bar de mes vingt ans
Je trinque à ma dernière chance
En pensant qu'il est encore temps
Mais le chanteur ne veut plus boire
Il est trois heures et tout s'éteint
La serveuse compte ses pourboires
Le hasard déjoue le destin

À vingt minutes du centre-ville
J'habite une jolie maison...

1979

LA BASSE-VILLE

Je suis tout à fait de la Basse-Ville. J'y suis né. Je suis né dans le quartier Saint-Sauveur. Et j'ai grandi dans Limoilou, dans deux coins différents. Et tout le temps que j'ai habité Québec, j'ai habité Limoilou.

Moi je suis d'une ruelle
Comme on est d'un village
Entre les hangars de tôle
Pis les sacs à poubelle
Entre la Huit pis la Neuf
Entre la Deux pis la Trois
Entre l'école pis l'église
Ma p'tite enfance est là

Quand on est d'la Basse-Ville
On n'est pas d'la Haute-Ville
Y en a qui s'en souviennent
D'autres qui s'en souviennent pas
Moi c'est par là qu'mes rêves
Se font des téléphones
Les jours qu'le mien sonne plus
Que j'attends plus personne

Dimanche après-midi
À' tabagie d'en face
Un cornet d'cram' à glace
À deux boules s'il vous plaît
Un concours de yo-yo
Pendant qu'à la radio
Monsieur Jean Béliveau
Fait son tour du chapeau

Quand on est d'la Basse-Ville
On n'est pas d'la Haute-Ville
Y en a qui s'en souviennent
D'autres qui s'en souviennent pas
Moi c'est par là qu'mes rêves
Se font des téléphones
Les jours qu'le mien sonne plus
Que j'attends plus personne

« C'est le mois de Marie
C'est le mois le plus beau... »
Y pousse des pissenlits
Dans les craques du trottoir
Avec ma première blonde
On joue plus tard le soir
On fait le tour du bloc
En bicycle dans le noir

Quand on est d'la Basse-Ville
On n'est pas d'la Haute-Ville
Y en a qui s'en souviennent
D'autres qui aiment peut-être mieux pas
Moi c'est par là qu'mes rêves
Se font des téléphones
Les jours qu'le mien sonne plus
Que j'attends plus
Personne

1975

LE BLUES DU COURRIER

Y en a qui partent sans déjeuner
D'autres qui font rien sans leur tévé
D'autres que c'est l'sexe avant de manger
Chacun son style, moi c'est moins gai
Ma journée peut pas commencer
Tant qu'le facteur est pas passé

Du temps qu'y passait vers huit heures
Tout allait bien c'était l'bonheur
Mais maintenant qu'y passe vers trois heures
C'est ben dommage me v'là chômeur
Ma journée peut pas commencer
Tant qu'le facteur est pas passé

Vingt fois cent fois dans l'escalier
J'descends voir la boîte à courrier
Quand à quatre heures j'ai rien trouvé
J'dis: « Ça se peut pas, y s'est trompé »
C'est comme si y avait pas de journée
Vu qu'le facteur est pas passé

Même que j'suis rendu que j'm'abonne
À des revues que j'trouve pas bonnes
Les plus gros comptes, je trouve ça l'fun
Envoyez-en, Simpson Eaton
Ma journée peut pas commencer
Tant qu'le facteur est pas passé

C'est un peu comme si j'attendais
Une lettre qui ne m'arrive jamais
Une lettre de quelqu'un qui m'aimerait
Une lettre de quelqu'un qui m'aimerait
Mes journées pourraient commencer
Avant qu'le facteur soit passé

Y en a qui partent sans déjeuner
D'autres qui font rien sans leur tévé
D'autres que c'est l'sexe avant de manger
Chacun son style, moi c'est moins gai
Ma journée peut pas commencer
Tant qu'le facteur est pas passé

1974

LA CAGE D'OISEAU

Dans la fumée où s'esquissent et s'effacent
Les masques flous des invités fugaces
Ça sent l'encens, le Maroc et la *Main*
Ça danse le rock, le tango et le *plain*
Le Roi de Pique vient de porter un toast
Aux fiançailles de Vénus et de Faust
Un travesti joue le *Satiricon*
Pendant que seul, suspendu au plafond

Le musicien, dans sa cage d'oiseau
Les yeux bandés, tape sur son piano
Il ne sait pas que juste en bas
Sa blonde vient d'ôter ses bas
Il ne sait rien
Le musicien

Le stroboscope trame une pantomime
Dans le hasard des gestes anonymes
Où les acteurs transgressent à qui mieux mieux
Les interdits d'un Dali de banlieue
Quand tout à coup, au bout du *follow spot*
Grotesquement, dans une sorte de grotte
La Vierge nue secoue ses cheveux blonds
Sur un faux blues que du fond du plafond

Le musicien, dans sa cage d'oiseau
Les yeux bandés, tape sur son piano
Pas de repos pour le repas
Que sa blonde offre juste en bas
Il ne voit rien
Le musicien

La fin du show est une chose hirsute
Où le piano descend en parachute
Dans un fracas d'où sortent les oiseaux
Public debout, saluts, rideau, bravos
Et puis déjà voilà que minuit sonne
Dans le théâtre il n'y a plus personne
Furtivement chacun s'est rhabillé
Et Cendrillon a rangé son soulier

Le musicien, sans cage et sans piano
Rentre chez lui en douce, incognito
Avec sa blonde il dormira
Demain c'est elle qui ramènera
Pianissimo
Mine de rien
Tous les oiseaux
Du musicien

1980

CARTE POSTALE

Dans le ventre engourdi
De l'avion qui grignote
En l'émiettant, la nuit
Les voyageurs repus
Sous l'écran qui clignote
Ne parlent presque plus
Le film est ennuyeux
Un soldat meurt au front
Une femme se voile
En bas les derniers feux
Des dernières maisons
Questionnent les étoiles

Moi je suis là tout seul
Casqué sous la musique
D'un vieux jazz où s'engueulent
Les accords délirés
D'un Bechet nostalgique
D'un Grappelli ailé
J'improvise des mots
Qui ramènent toujours
Les parfums de ma blonde
Collé sur le hublot
J'invente à nos amours
Leur premier tour du monde

Déjà le soleil blanc
Vient cuivrer les nuages
D'un jour éclaboussant
Et déjà c'est Roissy
Les rampes les bagages
Les matins de Paris
Mais Paris sans tes yeux
Déjà ne m'est plus rien
Qu'une trop longue escale
Triste comme le bleu
Du ciel de Saint-Germain
Sur ma carte postale

1981

CE N'EST QU'UNE CHANSON, MADAME*

Quand je suis arrivé au Québec en 1973, je faisais du piano-bar. Sylvain et Monique venaient très souvent m'écouter. Et là, Sylvain, qui connaissait tous les standards américains, s'installait au piano et m'accompagnait. C'était toujours un moment de grand plaisir. Un jour, il m'a écrit cette chanson qui parle du piano-bar.

ROBERTO MEDILE

Dans le bar de l'hôtel
Où je chante au piano
Tu reviens t'asseoir chaque soir
Toujours plus seule et belle
Devant ton Cinzano
Tu m'auras souri dans le noir

Ce n'est qu'une chanson, madame
Mais c'est une chanson pour toi
Des mots d'amour simples et sans drame
Un air aux parfums d'autrefois
Et si j'ai mis toute mon âme
Dans ces vers un peu maladroits
Ce n'est qu'une chanson, madame
Comme une rose, rien que pour toi

Tu n'auras pas besoin
De me conter ta vie
Ni de me donner ton adresse
Laisse-moi prendre soin
De ta mélancolie
Et t'offrir un verre de tendresse

* Roberto Medile, *Je pense à vous*, PGC-908, CD, 1989.

Ce n'est qu'une chanson, madame
Mais c'est une chanson pour toi
Des mots d'amour simples et sans drame
Un air aux parfums d'autrefois
Et si j'ai mis toute mon âme
Dans ces vers un peu maladroits
Ce n'est qu'une chanson, madame
Comme une rose, rien que pour toi
Comme une rose, rien que pour toi

1992

CE QU'ELLE A DE PLUS JOLI

C'est vrai qu'elle a de jolis yeux
Et quand le ciel parfois se brouille
J'y vois nous le gris vert sous le bleu
C'est vrai qu'elle a de jolis yeux

Mais ce qu'elle a de plus joli
Je ne le dirai guère
Y'a des fleurs qui n'vivent qu'à l'abri
Je ne le dirai pas

C'est vrai qu'elle a de jolies mains
Pour la caresse et pour le geste
Pour la musique et pour le reste
Rose des vents petits jardins
C'est vrai qu'elle a de jolies mains

Mais ce qu'elle a de plus joli
Je ne le dirai guère
Y'a des fleurs qui n'vivent qu'à l'abri
Je ne le dirai pas

C'est vrai qu'elle a de jolis pieds
Et quand j'ai le goût des rivières
Je les remonte de plage et pierres
Jusqu'à la source émerveillée
C'est vrai qu'elle a de jolis pieds

Mais ce qu'elle a de plus joli
Je ne le dirai guère
Y'a des fleurs qui n'vivent qu'à l'abri
Je ne le dirai pas

C'est vrai qu'elle a de jolis seins
Et les parfums qui s'y balancent
Mêlent aux couleurs de nos vacances
Un goût de sel et de raisin
C'est vrai qu'elle a de jolis seins

Mais ce qu'elle a de plus joli
Je ne le dirai guère
Y'a des fleurs qui n'vivent qu'à l'abri
Je ne le dirai pas

C'est vrai qu'elle a de jolis reins
Je n'en dirai pas davantage
Vous pourriez croire et c'est dommage
Que l'plus joli n'est pas très loin
C'est vrai qu'elle a de jolis reins

Mais ce qu'elle a de plus joli
Je ne le dirai guère
Et d'ailleurs tout bien réfléchi
Ça ne vous regarde pas

1971

C'EST EN TOI

C'est en toi que je veux mourir
Mon amour d'une amour si belle
Que les étés de fleurs nouvelles
N'en finiront plus de fleurir
Ton corps y sera mon tombeau
Ton beau ô ma terre ouverte
Alentour l'herbe sera verte
Et l'air à peine un peu plus chaud
Je connais pour ta bouche un chant
Qui par un soir à perte d'aile
A fait frémir les caravelles
Et fait périr d'amour le vent

C'est en toi que je veux mourir
Quand le soleil vient sur ta joue
Lorsque les chaînes se dénouent
Dans notre prison de désirs
Oh ! tu me porteras en toi
Comme un enfant vers le rivage
Où nous ferons notre naufrage
Au temps trop lourd de toi et moi
Au temps trop lourd de nos chemins
Qui ne franchiront plus l'espace
Meurtri des jours que l'on efface
Sans jamais voir ce qu'est demain

C'est en toi que je veux mourir
Comme au regard meurt la lumière
Comme à l'amour meurt la prière
Quand l'âme ne sait plus gémir
Tu fermeras mes yeux humains
Pour les ouvrir à ta présence
Et me nourrir à ton essence
Et me planter en ton jardin
D'une mort à n'en plus finir
De te connaître et de renaître
Que se dégivre la fenêtre
C'est en toi que je veux fleurir

1962

LA CHAÎNE

J'ai tressé une chaîne
Pour t'attacher le cœur
Plus chaude que la laine
Plus douce qu'un bonheur
Moi j'en ferai ta couche
J'en ferai ton pommier
Et le vent sur ta bouche
Se fera baiser

Vole chaîne
Vole au vent
Chante le cœur
Chante le printemps

J'ai tressé une chaîne
Pour t'attacher le cœur
Et tu seras ma reine
Si ma chanson ne meurt
Je serai ta rivière
Pour t'y venir noyer
Et plus loin que la terre
Je t'emmènerai

Vole chaîne
Vole au vent
Chante le cœur
Chante le printemps

Mais tu fermes ta porte
Et te moques de moi
Je sais bien que t'importe
Te courtisent les rois
Je planterai ma peine
Dans ton clair tablier
Et certain jour ma chaîne
Viendra te tuer

La la la la
La la la
La la la la
La la la

1962-1966

LA CHANSON DE PIERROT

Elle a été écrite fin août, début septembre 1972, dans ces coins-là. Chaque chanson a une histoire. Et je ne peux pas m'empêcher d'entendre, ne serait-ce que les premières mesures de ces chansons-là sans que tout me revienne. C'est un petit peu comme chez Proust, la madeleine, ce sont des parfums, des rencontres. Je sais que c'est la chanson que je venais tout juste de terminer le jour où, la seule fois dans ma vie, j'ai rencontré Jacques Brel. Je ne lui ai pas montré la chanson, il l'aurait démolie, c'est sûr. Je l'ai rencontré par Danielle Oddera. Danielle s'est arrangée pour qu'on se rencontre. Ça s'est passé, je dirais, comme la rencontre de deux personnes qui normalement auraient dû être des copains, si la vie s'était passée autrement. Brel adorait arriver à l'avance à l'aéroport, il détestait être en retard. Donc, il nous a offert un verre, à ma femme, Monique, à Danielle et à moi. La conversation s'est déroulée entre lui et moi. On a conversé pendant trois heures, non-stop. Moi, je me suis dit, je ne vais pas l'ennuyer avec la chanson. Finalement, on a causé à peu près seulement « chanson ». À ce moment-là, je venais de faire un premier disque. Donc, j'avais quitté l'enseignement, signé une lettre de démission officielle. J'attendais la gloire et la fortune ! J'ignorais que je vendrais 267 exemplaires de mon premier album. Bref, lui, ça l'épatait beaucoup, il ne croyait pas qu'en Amérique, je ne sais pas quelle idée il avait de l'Amérique, il était possible qu'un homme, un jeune homme de 29 ou 30 ans, père de deux enfants, quitte son job pour tenter l'aventure de la chanson.

Les doigts de la pluie jouent sur le toit
Une mélodie de je ne sais quoi
Sur le bureau mon dactylo
Cherche des mots qui riment en *o*
Qui riment en *i* avec la pluie
Avec la nuit, avec l'ennui
J'm'ennuie des airs et des prières
Qu'aimait naguère chanter ma mère

Va te coucher pauvre Pierrot
Y a pas de lune là-haut
La lune est là tout près de toi
Ne cherche pas
Va

Je ne peux pas retrouver le ton
Des notes qui tombent sur mon balcon
J'suis un piano où les gouttes d'eau
Cherchent le *do* d'un concerto
D'un concerto très solitaire
Pour Pierrot seul et grand tonnerre
Tout plein d'éclairs et de frissons
Ça n'a pas l'air d'une chanson

Va te coucher pauvre Pierrot
Y a pas de lune là-haut
La lune est là tout près de toi
Ne cherche pas
Va

Les doigts de la pluie jouent sur le toit
Une mélodie de je ne sais quoi
Sur le bureau mon dactylo
Laisse les mots qui riment en *o*
Préfère en *i*, préfère en *or*
Avec ton lit, avec ton corps
Avec ta peau sable et velours
Au bord de l'eau sous l'abat-jour

Va te coucher pauvre Pierrot
Y a pas de lune là-haut
La lune est là tout près de toi
Ne cherche pas
Va

1973

CHANSON D'HIVER

Il neige tout sommeille
L'hiver oublie nos pas
Je reste si tu veilles
Ne m'abandonne pas

Le vent dehors a tout glacé
Oh ! souviens-toi de la tendresse
Au fond de nous chaque jour laisse
Notre amour un peu plus blessé
D'être plus fort que nos faiblesses

Il neige tout sommeille
L'hiver oublie nos pas
Je reste si tu veilles
Ne m'abandonne pas

Je sais qu'au cœur de cet accord
La mort et la vie nous comparent
Tandis que nos lèvres s'égarent
À briser le tremblant décor
De ces deux corps qui nous séparent

Il neige tout sommeille
L'hiver oublie nos pas
Je reste si tu veilles
Ne m'abandonne pas

Laisse le deuil à qui le veut
Nous rirons à l'ombre des saules
Ma vie commence où tu me frôles
Comme à l'ombre de tes cheveux
Cette chanson sur ton épaule

Je reste si tu veilles
Ne m'abandonne pas

1965

CHANSON DU BORD DE L'EAU*

Y a des poissons dans l'eau
De l'eau dans la rivière
Et ta main dans la mienne

Attachés l'un à l'autre et plus libres pourtant
Nous allons traversant larmes et cimetières
Le temps s'est fait plus doux qu'hiver et que printemps
Le temps s'est fait plus doux allons à la rivière

Y a des poissons dans l'eau
De l'eau dans la rivière
Et ta main dans la mienne

Comme change la rive et reste le ruisseau
Toujours pareille à toi tu n'es jamais la même
Et chaque jour pourtant je t'épouse à nouveau
Et chaque jour pourtant c'est toujours toi que j'aime

Y a des poissons dans l'eau
De l'eau dans la rivière
Et ta main dans la mienne

Coule jusqu'à la mer, coule à perte de bords
Nous n'aurons plus le temps de compter les semaines
Nous irons jusqu'au bout des rives de nos corps
Nous irons jusqu'au bout de nos amours humaines

* Cadeau de mariage pour Monique. Composée en mai pour le mariage le 3 juillet 1965 à Québec.

Y a des poissons dans l'eau
De l'eau dans la rivière
Et ta main dans la mienne

1965

CHANTER

Est-ce la joie de vivre ou la mélancolie
Est-ce le vent d'hiver ou le soleil d'été
La pivoine au jardin la guerre ou la folie
Ma mie dis-moi pourquoi j'ai le goût de chanter

Est-ce la feuille rouge ou l'âge de mon père
Est-ce la voix de Jean parlant de liberté
Est-ce l'enfant qui rit le chômeur qui espère
Ma mie dis-moi pourquoi j'ai le goût de chanter

Entre le ciel et l'eau la terre et le nuage
Le silence, le cri, le temps, l'éternité
J'ai l'âme déchirée qui vogue et fait naufrage
Ma mie dis-moi pourquoi j'ai le goût de chanter

J'entends confusément des larmes et des rires
Dont la brûlure en moi ne peut plus s'arrêter
J'entends c'est votre voix mais comment la traduire
Ma mie dis-moi pourquoi j'ai le goût de chanter

Comment fait-on rimer le cœur avec la rime
Ces murs, quels sont les mots qui les font éclater
On n'est jamais vainqueur en cette folle escrime
Ma mie dis-moi pourquoi j'ai le goût de chanter

Mais c'est pour tout cela et pour bien plus encore
Pour crier nos amours à toute immensité
Pour forger le bonheur en caresses sonores
J'ai le goût de t'aimer, j'ai le goût de chanter

1962-1966

LE CHANTEUR INDIGÈNE

Le chanteur indigène a sorti son violon
Son gazou, sa bombarde et son accordéon
Enfin la panoplie des accessoires ethniques
Qui pâment les Français et réveillent nos critiques

Le chanteur indigène a commencé son show
Dès les premiers accords l'*Olympia* crie bravo
Dans son harmonica il souffle jusqu'à mordre
Et les doigts d'son violon écartèlent ses cordes

Mais sous les projecteurs il est seul à savoir
Qu'il en met d'autant plus que c'est son dernier soir
Depuis qu'il a compris le commerce exotique
Où l'on vend en bibelots son peuple et sa musique

Le chanteur indigène finit son numéro
Jusqu'au bout sans omettre une seule note, un seul mot
Mais le rideau tombé, lorsque la foule folle
Lui réclame à grands cris d'autres rythmes créoles

Le chanteur indigène revient sur le plateau
Remercie son public et seul à son micro
Soudainement petit et tragiquement blême
Se met à réciter ce singulier poème

« On est toujours un peu l'Iroquois de quelqu'un
Que l'on soit québécois, breton, nègre ou cajun
Je vous laisse à penser quel peut être le vôtre
On est toujours un peu l'indigène d'un autre »

Et puis l'homme en silence a plié son violon
Son gazou, sa bombarde et son accordéon
On dit qu'il est parti retrouver sa savane
Et qu'il vit là depuis tout seul dans sa cabane

On est toujours un peu l'Iroquois de quelqu'un
Que l'on soit québécois, breton, nègre ou cajun
Je vous laisse à penser quel peut être le vôtre
On est toujours un peu l'indigène d'un autre

1977

LES CHEMINÉES

Les cheminées sont hautes
Et lourdes les fumées
Les loyers sont trop chers
Et c'est si dur d'aimer

Chez nous c'est pas la mer
Ni les bois ni l'espace
C'est les autos qui passent
Et les horizons de fer
Y a des oiseaux publics
Sur les fils électriques
Ça sent les frites et les affaires

Les cheminées sont hautes
Et lourdes les fumées
Les loyers sont trop chers
Et c'est si dur d'aimer

Le bonheur c'est combien
Combien par mois j'veux dire
On sait pas comment dire
On n'a pas les moyens
On oublie ça faut croire
À la TV le soir
On est personne on pense à rien

Les cheminées sont hautes
Et lourdes les fumées
Les loyers sont trop chers
Et c'est si dur d'aimer

On court après le temps
Y a qu'les jours de tempête
Que tout l'bazar s'arrête
Mais c'est pas pour longtemps
Le trafic de cinq heures
C'est mauvais pour le cœur
Où c'est qu'on sera dans cinquante ans

Les cheminées sont hautes
Et lourdes les fumées
Les loyers sont trop chers
Et c'est si dur d'aimer

Dollars placements progrès
Ça tourne et ça réclame
Et y a des rues madame
Où le soleil vient jamais
Un accident deux morts
Au son des transistors
Une cigarette et on s'y remet

Les cheminées sont hautes
Et lourdes les fumées
Les loyers sont trop chers
Et c'est si dur d'aimer

1967

LES CHEMINS SONT DURS

Les chemins sont durs plus qu'on ne pensait
La mort est au bout de chaque demeure
Encore une fleur que le vent défait
Encore une fleur et nos mains se meurent
À vouloir tout prendre et si peu donner
Où c'est qu'on s'en va, qu'est-ce qu'il t'en semble
La nuit nous reprend nos corps fatigués
Mais on est ensemble

Le moindre bateau nous fait matelot
Mille cheveux blonds me seraient des îles
J'ai le cœur à terre et le corps à l'eau
J'ai le cœur à terre au cœur de ta vie
C'est partout l'automne alentour de nous
Tant de vie perdue que nos mains en tremblent
La peur et le froid sont à nos genoux
Mais on est ensemble

Montre-moi tes yeux viens au creux de moi
Je n'ai pas les mots que je voudrais dire
Je n'ai rien de rien je n'ai rien que toi
Que tes bras ouverts et que ton sourire
Tant pis si les fleurs au vent se défont
Nos blessures sont ce qui nous rassemble
Les chemins sont durs mais on fait des ponts
Mais on est ensemble

1967

LES CHOSES INUTILES

Ce qui est intéressant à propos de cette chanson-là, c'est que c'est une chanson qui est née de la radio. Qui est née d'un collègue auteur-compositeur qui s'appelle Stéphane Tremblay et qui venait présenter, à l'émission de Monique Giroux, le disque du groupe Villeray sur Saint-Denys Garneau. Et il a été question de l'inutilité de l'art. Stéphane a beaucoup de belles choses à dire là-dessus.

Et le départ de la chanson, je l'avais presque paroles et musique : « Moi, j'aime les choses inutiles / Les bonheurs tranquilles qui ne coûtent rien / Les couchers de soleil sur la ville / Les bibelots débiles... » J'ai trouvé ça dans la voiture ! Les bibelots débiles ! Pourquoi les bibelots débiles ? Je ne collectionne pas les bibelots débiles... Mais la sonorité des « bibelots débiles » était bonne. On ne va pas expliquer pourquoi phonétiquement c'est intéressant, les « bibelots débiles »... Mais, bref, ça sonne bien ! Ça fait image. « Les orchestres anciens »... Ça, c'est vrai.

Donc, je rentre chez moi et, ce que je fais assez rarement, j'ai pris du papier à musique et j'ai noté, paroles et musique, les huit premières mesures. Là, j'ai été coincé, et du côté des paroles, et du côté de la musique. Parce que je me suis donné un défi, j'aime bien me donner des défis, des contraintes – je trouve que la contrainte, finalement, libère –, et là j'étais parti avec des rimes féminines en « il ». Je me suis dit : « Voyons voir jusqu'où on peut aller avec les rimes féminines en "il". » Et je me suis fait un petit dictionnaire, à partir du dictionnaire de rimes que je n'ouvre jamais, un petit dictionnaire de mots utilisables en « il ». Chaque fois que j'en utilisais un, je le biffais. Mais si je ne m'étais pas donné cette contrainte-là, donc, jamais j'aurais trouvé cette partie que j'aime bien :

> Je rêve d'un monde indocile
> Où les crocodiles
> Et les orchidées
> Auraient chaque année bissextile
> Le droit d'être une île
> Ou même député

Il y a un petit côté Trenet là-dedans. C'est surréaliste et un petit peu anarchiste. Mais j'ai eu un problème moral avec la musique. J'ai peut-être trop tendance à compliquer mes musiques. Pendant trois semaines, j'ai dormi avec cette chanson-là, qui me collait à la peau, avec cette mélodie-là, qui me collait à la peau. Il m'a fallu trois semaines avant d'accepter cette mélodie qui est vraiment une des plus simples que j'aie jamais écrite. Qui est aussi une des plus faciles à fredonner, parce que la plupart des notes sont collées les unes sur les autres, comme dans « Frère Jacques ». C'est d'une simplicité dont je m'excuse, mesdames et messieurs (grand rire).

J'aimais surtout la sonorité de « bibelots » à côté de « débiles » : bibelots débiles. Il y a quelque chose qui fait swinguer. Le « b » et le « l », ça swingue bien ensemble. Mais je ne suis pas un collectionneur de bibelots débiles. Chaque fois que je dis « je », il ne faut pas me croire sur parole. Je tiens aux disques de vinyle. Je tiens à leurs fritures, à leurs craques. Ça sonne très bien, c'est très chaleureux, le vinyle. C'est très chaud. D'ailleurs, un des objectifs qu'on s'est donnés sur le plan technique, dans « Les choses inutiles », c'est de retrouver la chaleur du vinyle, malgré le fait qu'on traverse tout le processus numérique. Ça, je crois qu'on y est arrivés.

Moi j'aime les choses inutiles
Les bonheurs tranquilles
Qui ne coûtent rien
Les couchers de soleil sur la ville
Les bibelots débiles
Les orchestres anciens
Le chant des bruants sur les fils
Les poissons d'avril
Tous ces petits riens
Qui nous rendent la vie moins futile
J'aime les choses inutiles
Qui nous font du bien

Moi j'aime les choses inutiles
Les disques en vinyle
Les contes de fées
Le charme fuyant d'un profil
Perdu dans la file
Des passants pressés
Les langoustines sur le gril
Les masques d'Eschyle
Les parfums légers
Les photos où l'on fait des milles
J'aime les choses inutiles
Qui nous font rêver

Moi j'aime les choses inutiles
La joie de Lucille
Quand naissent les fleurs
Un film de Buffalo Bill
Une automobile
En panne de moteur
La voix des poètes en exil
Toujours en exil
Du jour et de l'heure
Les couleurs de leurs chants fragiles
J'aime les choses inutiles
Qui nous parlent au cœur

Je rêve d'un monde indocile
Où les crocodiles
Et les orchidées
Auraient chaque année bissextile
Le droit d'être une île
Ou même député
La vie n'en s'rait pas plus facile
L'argent moins servile
Mais on peut rêver
Et tant pis si j'passe pour un fossile
J'aime les choses inutiles
Qui donnent à chanter

1998

CLANDESTINS

Quelques fois ma maîtresse
D'autres fois ma sœur
Quelques fois mon ivresse
D'autres fois ma peur
Quelques fois ma sagesse
D'autres fois ma folie
Mais toujours en amour
Mon amour mon amie

Sans papiers, sans bagages
Et sans corde au cou
Sans licou, sans tapage
Et sans rien que nous
Clandestins, on voyage
Fiancés de la vie
Et toujours en amour
Mon amour mon amie

Aujourd'hui la tendresse
Fête nos vingt ans
Et pourtant la jeunesse
Est toujours devant
Le plaisir qui nous tresse
Qui nous blesse et nous lie
C'est nous deux en amour
Mon amour mon amie

1981

LA CLÉ DU PIANO*

On a retrouvé
La clé du piano
Elle était cachée
Dans un album de vieilles photos

On n'ose pas penser
Que ce soit mamie
Mais elle ne jouait plus
Après que grand-père est parti

Depuis ce temps-là
Ils se sont rejoints
Maman ne pense pas
Qu'ils soient vraiment loin

C'est pour eux ce soir
Que je joue le slow
Qu'ils aimaient danser
Leur *Sweet Long Ago*
On a retrouvé
La clé du piano

1985

* Chanson pour les parents de Monique.

COMME LES ROSES

Voilà que fanent les années
Comme les roses
Voilà que meurent les années
Avant qu'écloses
Vous qui dansez à l'ombre des grands houx
Joyeux bergers des pays de silence
Ah ! Dites-moi si l'amour meurt
Bergers qui oyez le silence

S'il faut que fanent les années
Comme les roses
S'il faut que meurent les amours
Avant qu'écloses
Qu'on porte deuil, qu'on pleure à grande mer
Qu'on arrose les feux dans les chaumières
Qu'on tue la nuit, qu'on tue le jour
Qu'on tue les feux dans les chaumières !

Peut-être il faut faner un peu
Comme les roses
Peut-être il faut mourir un peu
À porte close
Le blé ne meurt-il pas à la moisson
Avant que d'être pain sous la dent d'homme ?
Sans doute il faut mourir, ami,
Pour être pain sous le cœur d'homme

Sans doute il faut mourir, ami,
Pour être pain sous le cœur d'homme...

mars 1962

COMMENCEZ À VIVRE AUTREMENT

Commencez à vivre autrement
Car le temps, car le temps
Commencez à vivre autrement
Car le temps de l'amour est proche

Ce monde craque
De toutes parts
C'est lui-même qu'il traque
De ses dollars
C'est sur lui-même qu'il braque
Dans son miroir
Ses propres matraques
Il ne peut plus se voir

Commencez à vivre autrement
Car le temps, car le temps
Commencez à vivre autrement
Car le temps de l'amour est proche

Ses fausses fêtes
Ses fausses fleurs
Ses faux prophètes
Ses faux docteurs
Ses fausses manchettes
Et ses fausses peurs
Ça fait la recette
De ses faux-monnayeurs

Commencez à vivre autrement
Car le temps, car le temps
Commencez à vivre autrement
Car le temps de l'amour est proche

Tant de fissures
Dans le décor
Tant de blessures
Et tant de morts
Tant de tortures
De ratures sans remords
Ça se censure
Jusqu'au jour où ça mord

Commencez à vivre autrement
Car le temps, car le temps
Commencez à vivre autrement
Car le temps de l'amour est proche

J'ai vu la horde
Des cerfs-volants
Tant ils s'accordent
M'a dit le vent
Que dans leurs cordes
Printemps venant
Miséricorde
Se pendra le vieux temps

Commencez à vivre autrement
Car le temps, car le temps
Commencez à vivre autrement
Car le temps de l'amour est proche

1972

COMME UN SOLEIL*

Je marchais
Dans une ville en pluie je marchais
Sans savoir où mes pas s'en allaient
Au vent des jours
Tristes et sourds
Toi tu marchais
Dans la même ville tu marchais
Sans savoir que tes pas s'en allaient
Vers ce matin
Vers ce matin d'été
La pluie soudain
S'est arrêtée

Quand tu m'as prise par la main
Simplement comme si nos chemins
Ne pouvaient qu'être pareils
Ton ombre s'est posée sur moi comme un soleil

Quel hasard
Fait se croiser parmi les brouillards
La mélancolie de deux regards
Qui s'attendaient
Qui se cherchaient
Mais le hasard
Fait parfois se lever les brouillards
Je sais une ville quelque part
Où plus jamais
Ne vient pleurer la pluie
Sur les regrets
Et c'est depuis

* Chanson écrite pour Christine Chartrand.
Musique: Georges Tremblay.

Que tu m'as prise par la main
Simplement comme si nos chemins
Ne pouvaient qu'être pareils
Ton ombre s'est posée sur moi comme un soleil

Comme un soleil
Tu t'es posé sur moi
Comme un soleil...

1970-1971

COMPLAINTE

C'est l'hiver à longueur d'année
Et l'encre gèle dans ma plume
Les mots se sont déracinés
Dans ma cervelle de bitume
Faut croire que je suis mal programmé
Faudrait consulter l'IBM
J'ai la carte mal perforée
Je ne sais même plus te dire je t'aime

Pendant qu'on maquille le pétrin
La terre tourne comme un disque
Avec la guerre pour seul refrain
Et les couplets sont à nos risques
Va chercher qui conduit le train
Quel est le nom du chef d'orchestre
Tu ne sais rien t'as mal aux reins
C'est loin le paradis terrestre

Je sais au moins que ma chanson
Ne fera pas le hit-parade
Faut savoir que le mur du son
C'est aussi dans la marmelade
Faut changer ton style mon garçon
Chante sans rien dire et paye tes dettes
Me disait l'aut' jour sans façon
Un manufacturier de vedettes

J'ai le goût d'aller voir dehors
Le temps qu'il fait l'air qu'on respire
L'air pollué les faux décors
Je rêve au meilleur dans le pire
Attends je ne perds pas le nord
Dans deux vers j'aurai fait silence
Pour un voyage dans ton corps
Où s'abîment les apparences

mai 1969

LA COMPLAINTE DE L'ENFANT DISTRAIT

Les paroles de cette chanson ont été écrites en 1971. C'était en parallèle avec un poème, j'étais en train de préparer un recueil de poèmes que j'ai publié en 1972, intitulé *Les sept portes*, et j'avais un texte qui s'appelait « La ballade de l'enfant distrait » là-dedans. Un peu comme toujours en poésie, c'était un texte très ouvert. Alors, je me suis dit que je pourrais peut-être essayer quelque chose d'autre du côté de la chanson. Enfin, au départ, les paroles ont été faites vraiment avant, et il y a eu deux musiques là-dessus. Une qui a vécu un an ou deux, et puis je n'en étais pas satisfait. C'est rare que je compose des musiques aussi simples. Il y a quelque chose d'incantatoire que cette mélodie-là permettait. Et puis la simplicité des accords permettait ça aussi. Alors, j'ai choisi la musique numéro 2. Entre l'écriture des paroles et la musique numéro 2, il s'est quand même passé trois ans et quelques. Heureusement, ce n'est pas toujours aussi laborieux.

Sur les murs de la classe
Chaque lundi matin
De vieilles poussières lasses
Font des psaumes en latin
Puis elles parlent de Rome
Et des beaux jours anciens
Moi je croque ma pomme
Et je n'y comprends rien

Corridors sans mémoire
Percés de crucifix
De longues robes noires
Et de petites fourmis
Soudain sur ma page blanche
Atterrit un avion
Je le prends c'est dimanche
Partons pour le Japon

Un tout petit repère
Dans une immense forêt
La boutique de grand-père
Où ça sent bon le bois frais
Une glace à la vanille
Au soleil du mois d'août
Les corsages des filles
Qui déjà m'étaient doux

Pour les p'tits enfants sages
Le soir il y a du lait
Des biscuits, du fromage
Et de très longs chapelets
Tout à coup y a les vaches
Chez mon oncle l'été
Et le loup qui se cache
Dans le bois d'à côté

J'ai perdu mon enfance
Comme on perd la raison
Pour avoir eu trop de chance
Et trop bien su mes leçons
Mais je ne sais plus mon âge
Ni le goût des saisons
Où je fais ce voyage
Dont j'ignore le nom

Mais je mets tout mon zèle
Et tous mes jours percés
À recoudre mes ailes
Comme un oiseau blessé
Pourtant je reste en cage
Et si je chante encore
C'est que mes airs volages
Me servent de décor

La mort a tant de masques
Et je n'ai pas les mots
Qui parfois la démasquent
Et rendent un peu plus beau
Le grand malheur des hommes
Et la courbe du vent
Si j'aime autant les pommes
Je comprends moins qu'avant

1974

LA CORDE DE LA

*À Yves Albert**

La corde de *la*
S'est cassée sur la
Guitare que tu m'avais laissée
En souvenir du temps
Innocent d'antan
Qu'ensemble nous avions traversé

Y résonnent encore
Les lointains accords
Des belles chansons démodées
Qu'aux amis secrets
Le soir tu chantais
« Où sont donc nos vingt ans, Fredé ? »

La corde de *la*
De cette guitare-là
Jamais je ne la remplacerai
Jamais je ne la remplacerai

1982

* Ami d'enfance, folkloriste, décédé accidentellement en juin 1980.

COUNTRY SONG

Chaque nuit pendant son sommeil
Le pays rapetisse dans son lit
Si on le voit pas quand on se réveille
C'est p't-être qu'on rapetisse nous autres aussi

Le printemps rapetisse
L'été rapetisse
L'automne rapetisse, l'hiver rallonge
Mais c'est la grippe qui nous allonge
La langue rapetisse
Même la justice
Juste la police qui prend du poids
Mais c'est pour mieux rapetisser le tas

Chaque nuit pendant son sommeil
Le pays s'enfonce dans son lit
Si on le voit pas quand on se réveille
C'est p't-être qu'on s'enfonce nous autres aussi

Nos poches défoncent
Pus de quarante onces
Pus les moyens de moyenner
Une bonne Cinquante avant de caler
Quand toutte s'enfonce
Comme dit Alphonse
Tu défonces le plafond d'en bas
Tu prends ta pelle pis tu t'en vas

Chaque nuit pendant son sommeil
Le pays s'efface dans son lit
Si on le voit pas quand on se réveille
C'est p't-être qu'on s'efface nous autres aussi

L'efface à mine
Efface les mines
L'efface à l'encre efface lentement
Ce qu'il nous restait de gouvernement
Prends donc ta place
En dessous de la glace
Efface ta face, t'es tellement petit
Qu'on n'aura pas besoin de fusil

Chaque nuit pendant son sommeil
Le pays rapetisse dans son lit
Si on le voit pas quand on se réveille
C'est p't-être qu'on rapetisse nous autres aussi

1972

LE COUP DU TÉLÉPHONE

J'm'ennuyais, j'm'ennuyais
J'me suis dit : « J'vas m'téléphoner »
J'm'ennuyais, j'm'ennuyais
J'me suis dit : « J'devrais m'téléphoner
Pour prendre de mes nouvelles
Pis pour me désennuyer »

Mais comme j'étais pas là
J'ai répondu que j'étais sorti
Mais comme j'étais pas là
J'ai répondu que j'étais sorti
Y a des appels comme ça
Dont faut se méfier la nuit

Quand même j'ai bien noté
Mon numéro sur un bout d'papier
Quand même j'ai bien noté
Mon numéro sur un bout d'papier
Mais c'était du papier à rouler
J'm'ennuyais, pis j'ai fumé

Plus tard quand j'suis rentré
J'ai ben vu dans mon cendrier
Plus tard quand j'suis rentré
J'ai ben vu dans mon cendrier
Un mégot écrasé
J'ai jamais pu me rappeler

1979

LE CROQUE-MORT À COULISSE

L'idée de la chanson m'est venue du film de Francis Ford Coppola *La conversation*. Il y a un personnage qui joue du saxophone tout seul. C'est aussi un clin d'œil à Georges Brassens que je considère comme le plus grand. Je pense à la chanson « Bonhomme » ou à « La non-demande en mariage ».

Il était embaumeur mais jouait du trombone
Et les jours où personne ne daignait trépasser
Seul entre ses cercueils et son vieux gramophone
Il prenait des chorus avec Tommy Dorsey

Y a pas de sot métier comme le dit le proverbe
Et s'il faut que la mort soit votre gagne-pain
Tout plutôt que l'armée, vive les pompes funèbres
C'est moins dur que docteur et plus sûr qu'assassin

Donc il était croque-mort et battait la mesure
Tout en déboutonnant trois ou quatre bémols
Sa fiancée cachée, son unique aventure
C'était son instrument parfumé de formol

Pour le reste il était toujours de circonstance
Chagrin pour escroquer les veuves tout en pleurs
Discret pour encaisser les chèques d'assurance
Artiste pour monter les Cadillac en fleurs

Lorsque la mort le remercia de ses services
On trouva son trombone serré contre son corps
On l'appelle depuis le croque-mort à coulisse
Et sur sa pierre on lit, gravé en lettres d'or :

« Il était embaumeur mais jouait du trombone
Et les jours où personne ne daignait trépasser
Seul entre ses cercueils et son vieux gramophone
Il prenait des chorus avec Tommy Dorsey »

1981

DAME DE PASSAGE

C'était un soir de mai
À l'hôtel de septembre
Elle était trop jolie
Pour se tromper de chambre
Moi j'étais trop perdu
Pour ne pas la trouver
Et nous étions trop seuls
Pour ne pas nous aimer

Et pourtant ce n'était
Qu'une dame d'un soir
Qu'une dame de passage
Entrevue à travers
Les reflets des miroirs
D'un bar
De voyage

Comme une vieille amie
Comme une vieille amante
Elle a défait mon lit
Elle a défait ma vie
Avec l'air familier
Et les parfums subtils
D'une terre natale
En plein cœur de l'exil

Et pourtant ce n'était
Qu'une dame d'un soir
Qu'une dame de passage
Entrevue à travers
Les reflets des miroirs
D'un bar
De voyage

Finis les soirs de mai
À l'hôtel de septembre
Et les dames jolies
Qui se trompent de chambre
N'est plus qu'une chanson
Qui me reparle d'elle
Dans chaque double jeu
Des glaces des hôtels

Et pourtant ce n'était
Qu'une dame d'un soir
Qu'une dame de passage
Entrevue à travers
Les reflets des miroirs
D'un bar
De voyage

1985

DANS LA MAIN D'UN NUAGE

Marcher sur les chemins d'été
Une fleur à la bouche
Si près de l'âme de l'été
Si près que l'on y touche
Parler sans les mots du regard
À l'aube qui frissonne
Chanter sans plus jamais savoir
La crainte de l'automne

Glisser au bout de l'horizon
Dans la main d'un nuage
Jusqu'aux portes de la maison
Où dorment les nuages
Puiser dans le creux de la main
Aux sources de lumière
Cueillir le vent près du matin
En bouquet de prières

Dormir à l'ombre d'un soir doux
Au bord d'une rivière
Dormir aux chansons des cailloux
Prisonnier de la terre
Mourir doucement loin du jour
Sur le chemin d'un rêve
Sans pleurs sans bruit mourir d'amour
Comme la nuit s'achève

1962-1966

DANS LE MÉTRO*

C'est une chanson dont Sylvain avait déjà composé la musique quand il a fait appel à moi pour qu'on écrive le texte ensemble.

Il lui semblait amusant de faire appel à un des auteurs de Beau Dommage pour égrener avec lui le chapelet des stations de métro de Montréal. Le clin d'œil à Manon / station Rosemont n'est pas accidentel... (voir « Tous les palmiers »). Et nous nous sommes effectivement bien amusés ! Exercice de style sans prétention où je me souviens d'avoir bien ri avec Sylvain à traquer la rime correspondant à chacune des stations. La liste serait distrayante des absurdités, contrepèteries et autres grivoiseries que nous avons élégamment écartées...

ROBERT LÉGER

J'prends mon journal, j'me trouve un banc
Métro Beaugrand
Nouveau plafond pour l'inflation
À Radisson
Comment ' ce qu'on va payer le loyer
Sur Langelier
J'ai l'goût d'descendre à Cadillac
Prendre un cognac

Plutôt que d'faire une dépression
À l'Assomption
J'prends des nouvelles de nos Expos
Métro Viau
S'sont fait laver 14 à 9
Métro Pie-IX
Qu'est-ce qu'on va faire en fin d'semaine
Passé Joliette pis Préfontaine

* Paroles : Robert Léger et Sylvain Lelièvre.

Elle est entrée sans me r'garder
Entre Frontenac et Papineau
J'cherchais mes mots
J'ai même pas vu passer Beaudry
C'est à Berri qu'elle m'a souri
Quand ' est sortie

J'me r'trouve tout seul à changer de bord
Direction nord
Entre Sherbrooke et Mont-Royal
Dans le journal
L'courrier du cœur me fait brailler
Métro Laurier
Un S.O.S. signé Manon
Cœur en détresse
Station Rosemont

Pour les Verseaux tout est très beau
Tout va très vite tout va très bien
Métro Beaubien
Journée propice pour les Poissons
J'oublie de descendre à Jean-Talon
J'me crie des noms

Tant pis je r'pars à tout hasard
Place-des-Arts
Lionel-Groulx Bonaventure
À l'aventure
Pis j'irai m'faire chauffer la couenne
Île-Sainte-Hélène
C'est pas vrai qu'y fait toujours beau
Dans le métro

1981

DANS L'ÎLE

Nous irons jouer dans l'île
Au jardin de nos amours
Souviens-toi des bois de l'île
Et des feuilles en abat-jour

Le moindre sentier mène au sous-bois de ton corsage
Et la moindre plage est une voile au vent
Un petit bateau tout doucement dans les herbages
S'envole et chavire avec des yeux d'enfant

Nous irons jouer dans l'île
Au jardin de nos amours
Souviens-toi des bois de l'île
Et des feuilles en abat-jour

Il est un rocher tout apprêté comme une table
Avec une nappe de soleil si blond
Nous étions si beaux que l'air la mer l'été le sable
Ont fait de nos corps les fruits de leur saison

Nous irons jouer dans l'île
Au jardin de nos amours
Souviens-toi des bois de l'île
Et des feuilles en abat-jour

Il fera tantôt plus doux qu'en août sur notre couche
Et j'entends déjà sourdre les fleurs dans l'eau
Voguent les oiseaux dans le ciel vaste de ta bouche
L'île monte en nous comme un soleil en trop

Nous irons jouer dans l'île
Au jardin de nos amours
Souviens-toi des bois de l'île
Et des feuilles en abat-jour

1971

DÉCEMBRE

Je sais qu'on se rencontrera
Un après-midi de décembre
Un soleil distraitement las
S'en viendra flâner dans la chambre
Où le hasard nous mènera
En ayant l'air de se méprendre
Mais je sais que tu seras là
Et que les rideaux seront tendres

Le destin sera clandestin
Qui posera sur notre table
Tant de musique et de raisins
Qu'il nous semblera regrettable
De ne pas en faire un festin
Et je sais que jusqu'à l'ivresse
Ensemble nous boirons le vin
Que nous servira la tendresse

Et puis je sais que nous aurons
Cette aventure familière
Dont tu es toujours sans raison
Et la première et la dernière
Et puis les enfants rentreront
Comme chaque jour de l'école
Ne restera qu'une chanson
De cette fête fauve et folle

1978

DÉPART

Coule, ruisseau des jours perdus
Coule ton eau, lèche ta rive
Je passe le pont et j'arrive
Aux sables des pas inconnus
Coule, mon nom, au loin dérive
Et porte au fond ce que je fus

Coteaux et vals, forêts et champs
Épargnez-moi qu'il me souvienne
De la douceur de vos semaines :
Taisez vos danses et vos chants !
Avant qu'au ruisseau je revienne
Vous y verrez couler le sang

Au loin les jours, au loin les nuits
Au loin le monde qui bascule
Ici n'est rien qu'un crépuscule
Où je me perds à l'infini
Marche, mon pied, au temps qui brûle
Touche le lieu de mon pays

Et tout est seul et tout se tait
Rien qu'une main qui me soutienne
– Ferme les yeux quoi qu'il advienne
Échappe soucis et regrets –
Je sens mon âme qui s'égrène
Par l'horizon à tout jamais

Je perds le nord et la raison
Il n'y a rien d'un tel voyage
Rien que dans ma tête un nuage
Aux quatre murs de ma maison...
Sans départ, sans pleurs, sans bagages
Trouvé les mots de ma chanson

1967

LE DÉPUTÉ

Le député modèle
Se r'connaît à son zèle
Quasi apostolique
Pour la chose publique

Toute sa qualité
J'affirme en vérité
Au risque qu'on m'engueule
Qu'elle tient dans sa gueule

La gueule de tout temps
Fit les représentants
Qui doivent se garder
Cependant des idées

Les idées c'est l'opium
De ce métier mon homme
Le député parfait
N'en a presque jamais

Quand il vient d'aventure
À la législature
On le voit exemplaire
Devant ses exemplaires

Des plus grands quotidiens
Qu'il ouvre l'air de rien
Sans passion ni transport
À la page des sports

Des problèmes étranges
Quelquefois le dérangent
Dans sa méditation
Sur sa noble mission

Par bonheur le parti
A tout pensé pour lui
Spécialité les grèves
Un bill et puis ça crève

Le bon représentant
S'il lui reste du temps
Prend soin de visiter
Les gens de son comté

Le curé le notaire
Et les hommes d'affaires
Affaire de tactique
Capital politique

La messe le dimanche
Le col et l'âme blanche
Un contrat d'un million
Pour son cousin Fillion

Du reste et à tout prendre
Pour mieux se faire entendre
Il convient de parler
Le bon joual sans sacrer

Je sens que mon couplet
À quelques gens déplaît
Que je perds des appuis
Et des bourses. Aussi

J'ajoute résolu
Que je n'ai rien voulu
Que peindre en me grattant
Les députés d'antan

Un ministre m'assure
Que la législature
N'en garde plus depuis
Longtemps et qu'aujourd'hui

Le député modèle
Se r'connaît à son zèle
Quasi apostolique
Pour la chose publique

28 juillet 1967

DRÔLE DE PAYS

Drôle de pays qu'on pensait bâtir y a dix ans
Drôle de pays qu'on pense maint'nant faire dans vingt ans
En attendant d'être sur la carte, on fume son joint
On prend son coup chacun tranquille dans son petit coin
Entre l'avenir et le souvenir y a comme un trou
Bill Twenty-two
Saint Jean-Baptiste priez pour nous

Heureusement y a la tévé pour nous distraire
Y a les Berger, Marcus Welby, Réal Giguère
Tout est parfait, tout est correct, tout est au boutte
Dix piastres de gaz pour faire un tour sur l'autoroute
Entre l'avenir et le souvenir y a comme un trou
Dans mon bazou
Saint Jean-Baptiste priez pour nous

Drôle de pays comme un grand jeu de Monopoly
Sauf qu'on joue pas, on regarde les boss faire la partie
Y'ont eu du fun dans l'hydraulique pis l'olympique
Mais c'est nous autres astheure qui payent pour leurs coliques
Entre l'avenir et le souvenir y a comme un trou
Dans notr' trente sous
Saint Jean-Baptiste priez pour nous

Ailleurs on dit *Yankee go home*, mais pas ici
Et si l'Yankee sort du Chili comme l'ITT
On l'paye pour venir voler notre bois sur la Côte-Nord
Se faire des bras des fois qu'on serait devenus trop forts
Entre l'avenir et le souvenir y a comme un trou
Can I help you
Saint Jean-Baptiste priez pour nous

Drôle de pays où la charogne te garde en vie
Où le mercure assure la cure des Indiens cris
Où l'amiantose pousse comme la rose, mais en plus gris
Où l'écœurement finit quand même par faire des petits
Entre l'avenir et le souvenir y a comme un trou
Un trou d'égout
Saint Jean-Baptiste priez pour nous

1975

LE DROP-OUT

Ça fait quinze ans que j'magasine
Au supermarché du savoir
Et si l'école c'est pas l'usine
J'suis pas payé pour le savoir
J'aurai mon diplôme en chômage
À la fin d'la prochaine session
J'peux déjà décoder l'image
Quand je r'garde la télévision

J'sacre mon camp
Maman
Ton ti-gars
S'en va

J'ai fait des maths et du basket
J'ai lu Astérix et Platon
J'ai dessiné dans les toilettes
Deux ou trois graffitis cochons
Je connais des gaz volatils
Qui tuent sans trace et sans odeur
J'ai même appris des choses utiles
Comme fucker les ordinateurs

J'sacre mon camp
Maman
Ton ti-gars
S'en va

J'veux dire merci à mes vieux maîtres
Merci pour la révolution
Un peu tranquille, il faut l'admettre
Pour ceux qui payent pas l'addition
Merci pour les cours de musique
Et bravo pour l'égalité
Ce qu'on fume à l'école publique
On le sniffe à l'école privée

J'sacre mon camp
Maman
Ton ti-gars
S'en va

Y a pas d'couplet contre le système
J'suis déjà toutt' récupéré
On a chacun ses p'tits problèmes
Le mien, c'est juste d'être écœuré
Tant pis pour l'honneur d'la famille
J'décroche avant d'être en maudit
Ça fait quinze ans qu'on me gaspille
Je pars ailleurs voir si j'y suis

J'sacre mon camp
Maman
Ton ti-gars
S'en va

1983

DRUMMONDVILLE

C'est vrai, je n'ai jamais chanté à Drummondville.

Depuis Charlesbourg
Jusqu'à Gravelbourg
De Rouyn-Noranda
À Saint-Jean-d'-Matha
Via Fatima
Un soir à Paris
L'autre à Ville-Marie
J'ai promené mes chansons de ville en ville
J'en ai fait des milles
Mais j'ai jamais chanté à Drummondville

Tous les carnavals
Tous les festivals
Gibelotte ou bleuet
Poutine ou poulet
Je les ai tous faits
J'suis même passé devant
Un cheval savant
J'ai promené mes chansons...

Du plus petit bar
À la Place des Arts
Payé pas payé
Steinway pas Steinway
I dit it my way
Y a pas de p'tite salle
Pour un enfant d'la balle
J'ai promené mes chansons...

Des plus chics palaces
Aux plus dégueulasses
J'ai tellement testé
D'hôtels de tournée
Que j'peux décliner
Le *Guide du routard*
Pour joueurs de guitare
J'ai promené mes chansons...

Vous Drummondvillois
Vous Drummondvilloises
N'ayez s'il vous plaît
Ni pleurs ni regrets
Sans vous je n'aurais
Je n'aurais jamais composé
De blues inspiré
J'ai promené mes chansons...

1998

DU NORD AU SUD

J'ai perdu mon Chemin
Que'qu' part entre Malibu
Et Ville d'Anjou
Si vous le voyez passer
Dites-lui de me téléphoner
À frais virés
Sans mon Chemin dessous
Mes pieds sont comme un peu soûls
Comme un peu fous
Ils s'en vont n'importe où
C'est trop souvent dans des trous

Qui me tendra la main
Me rendra mon Chemin
Me montrera le nord
Que j'aille au sud
Voir si tu m'aimes encore

J'ai perdu mon Chemin
J'ai perdu ma Mélodie
Ma douce amie
J'aime mieux ne pas penser
Qu'elle est partie avec lui
Dans un taxi
Bien sûr c'est mon Chemin
Bien sûr c'est mon grand ami
Le seul ennui
C'est que quand vient la nuit
Il faut se méfier de lui

Qui me tendra la main
Me rendra mon Chemin
Me montrera le nord
Que j'aille au sud
Voir si tu m'aimes encore

J'ai perdu mon Chemin
J'ai perdu ma Mélodie
Mes seuls pays
J'ai lu dans les journaux
Qu'c'est la faute à mon auto
Modèle rétro
Mil neuf cent quarante-trois
Une magnifique Chevrolet
Où c'que j'avais
Installé mon piano
Pour composer quand ça venait

Qui me tendra la main
Me rendra mon Chemin
Me montrera le nord
Que j'aille au sud
Voir si tu m'aimes encore

J'ai perdu mon Chemin
J'ai perdu ma Mélodie
Et je le dis
Je n'ai plus rien à dire
C'est elle qui me donnait les airs
Et lui les vers
Seul dans ma Chevrolet
Sous les grands vents de l'hiver
En plein désert
J'ai beau ne boire que du lait
J'ai des goûts de revolver

Qui me tendra la main
Me rendra mon Chemin
Me montrera le nord
Que j'aille au sud
Voir si tu m'aimes encore

J'ai perdu mon Chemin
Que'qu' part entre Malibu
Et Ville d'Anjou
J'ai perdu Mélodie
Entre la Californie
Et Saint-Esprit
Si vous les rencontrez
Dites-leur que je les attendrai
Au bout d'un quai
Que'qu' part en Acadie
La mer est belle à ce qu'on dit

Qui me tendra la main
Me rendra mon Chemin
Me montrera le nord
Que j'aille au sud
Voir si tu m'aimes encore

1974

L'EMBELLIE

C'est janvier c'est janvier
Depuis tellement d'années
Que même les plus anciens
Ont oublié l'été
C'est janvier désolé
Sur ma terre natale
Avec ses neiges démentes
Et ses froids secs et bleus

C'est janvier tout frileux
Sur ma langue natale
Et les mots sont gelés
Dans nos chants éphémères
Mais c'est aussi janvier
Au chaud dans la cuisine
Un air d'harmonica
Les pieds su'l'bord du poêle

Or janvier ce matin
Sort du calendrier
Or janvier ce matin
Remonte en février
C'est un grand soleil fou
Qui fait sauter les tuques
Qui détache les parkas
Et lâche ses moineaux

Or la neige ce matin
Soudain s'est mise à fondre
Les trottoirs tout mouillés
Rattachent les maisons
Et des mots sont venus
Que je croyais perdus
Pour mon harmonica
Sorti sur son balcon

Ce n'est pas le printemps
Non ce n'est pas l'avril
Ce n'est pas le printemps
Mais les signes sont là
Que le temps désormais
A rouvert ses chemins
Et que les chemins tiennent
Debout sous les balises

Ce n'est pas le printemps
Mais désormais je sais
Que le reste fondra
Plus vite qu'on ne croit
Et c'est plus que des mots
Plus qu'un harmonica
Qu'il faudra pour fêter
L'embellie qui s'en vient

1976

L'ÉTRANGE PAYS

J'habite une étrange maison
Dont les enfants sont les fenêtres
Jouant des vents et des saisons
Que nul n'y puisse reconnaître
Les murs d'une ancienne prison
Où vont parmi nos amours nues
Les plus belles fleurs inconnues
J'habite une étrange raison

J'habite un étrange quartier
Dont les enfants sont les fontaines
Les jardins l'air et le mortier
Nul ne sait plus l'aire lointaine
Où ce quartier fut sans quartier
Et tous les gens se reconnaissent
Une même et folle jeunesse
J'habite une étrange amitié

J'habite un étrange pays
Qui fut jadis un cimetière
Où les enfants font leurs jeudis
À changer le cours des frontières
Tous les plus beaux jeux interdits
C'est le pouvoir de la caresse
Et le règne de la tendresse
J'habite un étrange midi

Si étrange que je ne sais
Quel est le nom de ma planète
Ni si les yeux curieux que j'ai
Me sont miroir ou bien lunette
Mais les enfants sont à danser
Sur une simple chansonnette
Dont les paroles sont très nettes :
Le monde est à recommencer

décembre 1970

LA FICELLE

J'ai coupé la ficelle
Du plus haut cerf-volant
Dessiné sur ses ailes
Mes images d'enfant
Un chat blond, une orange
Un vieil harmonica
Gare à qui le dérange
Il s'en repentira

J'ai rompu les amarres
De mon dernier bateau
Et tout seul sur la mare
Il joue à prendre l'eau
Laissez-lui son naufrage
C'est un jeu familier
Il n'a pas le courage
De vraiment s'abîmer

Moi je suis sur la rive
Je veille mes amours
Dont les jeux de dérive
Ont bien d'autres détours
Et mes jours vagabondent
Sans patrie désormais
Le plaisir de ma blonde
Est un pays parfait

1980

FLEURS DE GRÉSIL

Le téléphone
La porte qui sonnent
Le stéréo
Contre la radio
Le violoncelle
Dans la poubelle
Rapport d'impôt
Et mal au dos

Tempête de neige
C'est le manège
Où les charrues
Brassent tant les rues
Que la Manic
Prend la panique
Panne de courant
Et rage de dents

> Comment veux-tu que mon refrain
> Chante les parfums des fleurs des îles
> Il pousse du grésil
> Sur mon jardin

Fleurs de grésil
Fleurs du Brésil
RCMP
Et sauce chili
Télécouleur
Télédouleur
Noël disco
Pauvre Django

Panne de silence
Et panne d'enfance
Piano fermé
Cordes fanées
Fanées les roses
Et je n'arrose
Qu'une rosée
De mots givrés

Comment veux-tu que mon refrain
Chante les parfums des fleurs des îles
Il pousse du grésil
Sur mon jardin

Salut Chaplin
Salut Gershwin
Salut Miron
Salut frissons
Les décibels
De ma ruelle
Ne me jouent plus
Vos chants perdus

Comment veux-tu que mon refrain
Chante les parfums des fleurs des îles
Il pousse du grésil
Sur mon jardin

1978

Moi, j'ai le sentiment que ça fait partie de notre identité. Notre identité québécoise. On ne peut pas être québécois sans avoir un rapport avec ce fleuve-là. Il faut se situer quelque part, comme individu. C'est presque le cœur du Québec, en tout cas c'est le vaisseau sanguin le plus important. Si ça brise quelque part, c'est l'infarctus fatal, le fleuve. Et on est au moins en train de comprendre qu'on ne peut plus le laisser se salir à ce point-là. Une fois qu'il sera plus propre et qu'on pourra s'en approcher, sans avoir à se boucher le nez, on aura peut-être plus tendance à le regarder.

J'adore voler. Je ne suis pas pilote, je suis passager. Mais ceux qui ont la chance d'approcher Montréal, par temps clair, par exemple, quand on arrive d'Europe ou des Îles-de-la-Madeleine ou du Saguenay... Si on arrive d'Europe, c'est fantastique, car on peut suivre le fleuve à partir de Baie-Comeau. Et, moi, je le suis village par village, je regarde en bas et je les nomme. Alors, on dirait qu'autour de Montréal, ce qui n'est pas beau, vu d'en bas, est, tout à coup, magnifique vu d'en haut. Comment il y a le lac des Deux-Montagnes à un bout et puis le lac Saint-Louis à l'autre, comment c'est complexe cette convergence où se situe Montréal. Et c'est le fleuve qui est le cœur de tout ça. Il faut le voir et le sentir d'en haut, je crois, pour aimer le fleuve à Montréal. Moi, à Montréal, c'est vu des airs que j'aime Montréal. Honnêtement, et je ne le dis pas par esprit de clocher, vraiment pas, c'est un des plus beaux paysages du monde. Je le croyais quand j'étais enfant, quand j'étais adolescent. Un peu plus tard, j'ai voyagé ailleurs. J'y reviens beaucoup moins souvent que je le souhaiterais, mais je continue à croire que c'est un des plus beaux paysages du monde. Moi, je l'ai vécu, surtout parce que pendant plusieurs années j'ai été d'abord, au début des années soixante, étudiant à l'École d'architecture – et l'École d'architecture de Québec était alors sur la rue Mont-Carmel, donc tout près du parc des Gouverneurs –, et je me souviens fort bien que, chaque matin, même en hiver s'il faisait -20 °C ou -30 °C, je descendais de l'autobus à la porte Saint-Louis pour m'offrir le privilège de tourner coin d'Auteuil puis d'emprunter la rue Sainte-Geneviève et, tout à coup, entre cette rue étroite qui est un petit peu en côte, entre les palissades des maisons anciennes – qui sont toujours belles et qui sont bien conservées – voir apparaître le fleuve. C'était, chaque fois, carrément une apparition ! Il ne se passait pas une journée sans que j'aille au moins une fois sinon deux ou trois faire mon petit pèlerinage visuel face au fleuve pour voir comment il allait. Mais, il faut bien imaginer, et je pense bien qu'il n'y a personne au Québec qui n'a jamais vu ce paysage-là, on a devant soi, quand on regarde un tout petit peu vers l'est, vers le nord-est, on a l'île d'Orléans, et le fleuve qui s'ouvre autour. Je vais oser quelque chose d'un peu poétique : j'ai toujours vu ça comme deux jambes de femme, dans une espèce de position amoureuse, d'ouverture. Il y a quelque chose d'érotique là-dedans. Si vous n'y avez jamais pensé, pensez-y quand vous y retournerez, c'est très très beau. C'est une belle vision. Puis, évidemment, ce qui fait l'âme et ce qui fait l'ouverture, c'est l'île d'Orléans, qui est aussi toute une partie de notre patrimoine.

Ça passe comme un rêve
Entre nos rives grises
Ça charrie comme un goût
D'aller chercher plus loin
C'est comme un peu du large
Écarté dans nos rues
Du large qu'on appelle
Et qu'on ne prend jamais

Le fleuve le fleuve

Des fois quand j'ai le cœur
Écœuré d'être en ville
Je viens le voir passer
Les pieds vissés à terre
Mais les yeux envolés
Vers l'est plus loin que l'île
Où l'horizon bascule
Et les rives se perdent

Le fleuve le fleuve

Avec le vent qu'il fait
Décoiffant les fumées
J'invente les tempêtes
Et les coups qu'il me manque
Comme avec les cargos
Qui sont tous étrangers
Je refais des bateaux
Qui nous appartiendraient

Le fleuve le fleuve

Et c'est un peu de moi
Et c'est beaucoup de nous
Qu'il emporte avec lui
Vers des marées d'ailleurs
Tandis que les oiseaux
S'attardent sur les quais
Je rentre une autre fois
Sans l'avoir vraiment vu

Le fleuve, le fleuve

1966

GERMINAL

Il fait un temps comme quand on jouait aux billes
Les gros bancs d'neige rentrent dans les gazons
L'soleil est fou, v'là qu'il se déshabille
On voit dans l'air flotter ses grands caleçons

Ça coule à plein le long des trottoirs sales
Les bouches d'égout sont complètement paquetées
Mais quand l'bonheur ouvre des succursales
Ça sent le propre jusque dans l'air pollué

Déjà la boue a remplacé la sloche
Toutes les clés s'prennent pour la clé des champs
Dans les écoles on n'entend plus la cloche
Monsieur Grevisse écoute Yvon Deschamps

Même les manchots ont l'air d'avoir des ailes
Et les p'tits vieux ont l'air d'avoir vingt ans
Les fonctionnaires ont l'air d'avoir du zèle
Ça dérange tout dans les gouvernements

Depuis le temps qu'on s'cachait les oreilles
Qu'on avait l'rhume, qu'on vivait sous zéro
Qu'on n'avait plus pour cueillir des merveilles
Que les jardins de givre à nos carreaux

La vitre s'ouvre et ce n'est plus mirage
Même les ruelles prennent leur bain dans l'air
Les cordes à linge retrouvent leurs commérages
Y aura personne à l'enterrement d'l'hiver

Viens-t'en ma blonde à la claire fontaine
Vois le soleil et ses érables autour
On va s'aimer sans mettre nos mitaines
La neige est chaude dans les bois d'alentour

Le vieux pays sort de son hiver borgne
Et ne sait plus voir que ce qu'il sera
Entends là-bas la liberté qui lorgne
Ce ciel de terre où tu me tends les bras

1970

GRAVELBOURG

À mon petit groupe d'auteurs-compositeurs, j'ai dit : « Ce village-ci nous parle, il raconte une histoire. Qu'est-ce que vous diriez que je vous propose Gravelbourg comme sujet, comme thème d'écriture ? »

Alors, je suis allé faire mes petits devoirs, moi aussi. Et, pour une des rares fois de ma vie, une heure plus tard, j'avais à peu près « Y a pas grand monde à soir au *Junction One-O-One* ». Ça m'a été donné, c'était le nom du petit resto, juste à côté du Gravelbourg Inn. Je ne l'ai pas inventé. « Et le grand ciel couchant » – c'est devenu le « soleil couchant » – de la Saskatchewan. J'aimais bien cette rime-là entre Saskatchewan et *Junction One-O-One*... Rime riche, par surcroît ! Et cela en une heure, ce qui ne m'arrive à peu près jamais, ça m'est arrivé trois fois, je crois, en quarante ans d'écriture. On est, à Gravelbourg, assez près de la frontière américaine, du Dakota-du-Nord. On est dans l'Ouest. Et la musique que j'entendais était forcément une musique western, quelque chose de « guitare ». Je me suis donc mis dans une tonalité « guitare » en *la* ; ceux qui jouent de la guitare le savent. Et il y a un autre truc de guitare, c'est de prendre la note qui est en haut et de la garder « corde ouverte », c'est-à-dire sans la faire bouger. J'ai donc développé le thème principal de ma chanson à partir de cette idée « guitare ». Plus tard, je n'ai pas pu m'empêcher d'être un petit peu moi-même : mineur septième bémol cinq, qu'on appelle de quinte diminuée. C'est totalement anticountry. Je suis un spécialiste, semble-t-il, de la quinte diminuée. C'est le seul endroit où on reconnaît un tout petit peu ma signature de compositeur.

Y a pas grand monde à soir au *Junction One-O-One*
Et le soleil couchant de la Saskatchewan
Passe à travers les stores et s'attable avec moi
Pour jaser d'son ennui parler de mon émoi

Dehors y a l'horizon le plus horizontal
Qu'on puisse imaginer à part la mer étale
Et puis y a l'infini de la plaine alentour
À Gravelbourg, à Gravelbourg

Face à la cathédrale sur la Première Avenue
Y a le curé Gravel coincé dans sa statue
J'suis pas sûr qu'il aimerait se réveiller demain
Pour se retrouver là une bière à la main

What would you like to drink ? m'a demandé Julie
La waitress du *Wheatland* au sourire joli
Ça fait déjà longtemps qu'on crie plus au secours
À Gravelbourg, à Gravelbourg

Ça fait déjà longtemps qu'au pays fransaskois
Allez savoir comment allez savoir pourquoi
On comprend que la vie ça s'achète en anglais
Que ce soit pour une job ou un litre de lait

Mais l'on y chante encore et l'on y chante en chœur
En français de chez nous avec les mots du cœur
Comment vivre aujourd'hui sans rêver de toujours
À Gravelbourg, à Gravelbourg

Et l'on y chante encore et l'on y chante en chœur
En français de chez nous avec les mots du cœur
Comment vivre aujourd'hui sans rêver de toujours
À Gravelbourg, à Gravelbourg

6 mai 1994

GRIS-BLEU

Une ombre passe
Grise au milieu du gris
Au cœur des jours
Le fruit pourri
Des amours qui manquent d'amour
Les murs ont pris
Bien trop de place
Ne baisse pas tes yeux
J'ai besoin de voir
Un peu du soir

Le temps de poser
Un premier regard
Le temps de trouver
La bonne fenêtre la tienne
Le temps de te reconnaître
Et le temps de vivre
Arrive bien tard
On est parti

Dis-moi pourquoi certains jours
Soudain de soleil et de fleurs
Au hasard des gens sur la rue
Ai-je envie d'arrêter un inconnu
Et de lui dire bonjour
Comme on dit bonjour à un ami
Dis-moi surtout pourquoi pourtant je ne le fais pas
Un peu de givre sur la vitre gelée
Vitre du cœur trop isolée
Vitre à briser vitre de peur
Vitre collier du vœu de vivre
Tout est si lourd
Ne reste pas si loin
J'ai besoin de voir
Au profond de tes yeux
Un peu du soir

On fait ce que l'on peut
Mais c'est beaucoup trop peu
Dans tes cheveux la lune d'or
Amante bleue boucle d'oreille

1962-1966

HIROSHIMA

Ce n'était rien qu'un nom de ville
Sur une carte entre dix mille
Mais de la guerre on était las
Ce n'était rien qu'un coin de terre
Mais la carte était militaire
Et les crayons s'arrêtaient là
Hiroshima

Ce n'était qu'un jour de semaine
Le matin s'éveillait à peine
Les usines fumaient déjà
Ce n'était qu'un jour ordinaire
Les trams prenaient des fonctionnaires
Salut bonjour comment ça va
Hiroshima

Dans les rues dansaient les fillettes
Pour les enfants c'est toujours fête
Des gamins jouaient au soldat
Y avait aussi des chrysanthèmes
C'était l'heure où l'on dit je t'aime
À ce soir on se reverra
Hiroshima

J'entends quelque chose qui gronde
Non ce n'est pas la fin du monde
Ni les feux du Fuji Yama
Non ce n'est pas l'Apocalypse
La ville va faire une éclipse
C'est la fête aux rayons gamma
Hiroshima

Un jour en ouvrant ma fenêtre
C'est drôle j'ai cru reconnaître
Dans ma rue tout ce monde-là
Les enfants et les fonctionnaires
Il est tant de jours ordinaires
Et les cartes sont toujours là

1966

IL PLEUT IL NEIGE

Il pleut il neige et les jours passent
J'attends je ne sais quoi j'attends
Je ne sais qui au loin j'entends
Mozart les trains fendent l'espace
Je me trompe c'est Stravinski
Il fait noir la tête s'embrouille
Et l'amour pourrit sous la rouille
Des machines couleur kaki

Tes enfants portent des guenilles
Mais tu vas cracher ton impôt
Bientôt on te prendra ta peau
Chante la cloche au campanile
Et toi tu as faim bien sûr mais
Tu n'es pas inscrit sur leurs fiches
Toi qui dessines des affiches
Ton nom ne s'y lira jamais

Et toi dans ta chaise roulante
Toi qui attends depuis vingt ans
Ta femme elle t'aimait pourtant
Pourquoi comme la mort est lente
Et tout regarde le tombeau
En cette terre misérable
Le tracteur arrache l'érable
Où donc dormiront les corbeaux

On passe sans se reconnaître
On fait la guerre aux innocents
Harlem a couché dans le sang
Un homme a sauté la fenêtre
Non cet amour entre nos mains
N'a pas assez versé de larmes
Où sont les sonneries d'alarme
Et les clés d'or des lendemains

Ah! que la peur au moins nous ceigne
Dites à quel bout de mes doigts
Commencent vos doigts si je dois
Saigner aussi lorsque tu saignes
Dites-moi mais rien ne va plus
Les jeux sont faits la roue se lasse
D'ennui au soleil sur la place
On fusille un autre Jésus

1962-1966

L'INVITÉ

Tu feras comme si tu passais par hasard
Tu ne sonneras pas tu ouvriras la porte
Tu diras me voici et d'un simple regard
Nous nous reconnaîtrons malgré les années mortes

Tu seras courbatu d'avoir voyagé tant
J'aurai tout ce qu'il faut pour laver ta fatigue
Et lorsque tu auras rangé tes vêtements
Tu boiras de la bière ou mangeras des figues

Le soir si tu le veux nous ferons un festin
Mon frère mon ami mon lointain camarade
À boire et à causer jusqu'au petit matin
Nous laisserons le temps partir en promenade

Et puis tu dormiras tu te reposeras
Je t'offrirai mon lit je dormirai par terre
Tu resteras chez moi le temps que tu voudras
Mais l'heure du départ il faudra me la taire

Tu feras comme si tu sortais par hasard
Tu reprendras ta route autour de la planète
Moi pour tromper l'ennui ce sinistre bazar
Je m'en retournerai chanter mes chansonnettes

1973

J'AI PERDU TROP DE TEMPS

J'ai perdu trop de temps
Dans les livres
J'ai perdu trop de temps
Loin de vivre
J'ai perdu trop de temps loin de toi
Mais maintenant
Le temps qu'il me reste, c'est pour toi

J'ai perdu trop de temps
À l'école
Ce n'est pas là qu'on vend
Les boussoles
J'ai perdu trop de temps loin de toi
Mais maintenant
Le temps qu'il me reste, c'est pour toi

Je ne demande rien
Qu'un p'tit coin de jardin
Pour te faire la vie
Plus douce et plus jolie
Un peu d'herbe et de vent
Et ce qu'il faut de pain
Un piano, deux enfants
Et cinq ou six copains

Nous deviendrons les mots
D'un poème
Les deux mains d'un piano
Où l'on s'aime
J'ai perdu trop de temps loin de toi
Mais maintenant
Le temps qu'il me reste, c'est pour toi

Nous deviendrons les mots
D'un poème
Les deux mains d'un piano
Où l'on s'aime
J'ai perdu trop de temps loin de toi
Mais maintenant
Le temps qu'il me reste, c'est pour toi
C'est pour toi

1974

J'AI RETROUVÉ LE GOÛT DE VIVRE*

J'ai retrouvé le goût de vivre
J'ai retrouvé le goût d'aimer
Le goût de chanter et de rire
Le goût de courir au soleil

J'ai refermé l'armoire aux souvenirs
Et je suis seule à connaître la clé
Venez point la chercher
Sauriez point la trouver
Je l'ai cachée du côté de mon avenir

J'ai retrouvé le goût de vivre
J'ai retrouvé le goût d'aimer
Le goût de chanter et de rire
Le goût de courir au soleil

J'ai mis des fleurs à toutes mes fenêtres
Et dessiné les ailes du printemps
Le voilà maintenant
Qui chante dans le vent
Voici venu le temps de naître et de renaître

J'ai retrouvé le goût de vivre
J'ai retrouvé le goût d'aimer
Le goût de chanter et de rire
Le goût de courir au soleil

* Chanson écrite pour Danielle Oddera.

Je m'en viens seule au-devant de l'été
Et s'il le faut j'irai marcher pieds nus
Sur des plages inconnues
Contre le temps perdu
Mais j'irai jusqu'au bout des rêves commencés

J'ai retrouvé le goût de vivre
J'ai retrouvé le goût d'aimer
Le goût de chanter et de rire
Le goût de courir au soleil

1972

JE DESCENDS À LA MER

C'est une chanson de route. C'est une chanson, racontée par un narrateur, ce narrateur-là roule en auto du début à la fin. Alors il y a un espace clos auquel on ne fait pas attention, mais il est là. C'est un espace clos qui débouche vers l'espace, un des espaces les plus immenses, les plus insondables, qui est la mer. D'autre part, la nuit qu'il traverse, c'est une nuit un petit peu initiatique. La frontière qu'il traverse, même si on peut facilement, en tant que Québécois, l'associer à la frontière Québec-New Hampshire ou quelque chose comme ça, ça reste une frontière, tout simplement. Il a traversé quelque chose en lui-même ; il sort d'une nuit intérieure. La femme qui l'attend là-bas est sans doute une vraie femme, mais c'est aussi une femme mythique, en ce sens que c'est une femme qui le ramène à lui-même et à aujourd'hui.

Les faisceaux des phares tracent
Des fantômes qui s'effacent
À mesure que l'ombre les reprend
Et je roule dans la nuit
Sur des routes où rien ne luit
Que la ligne blanche de temps en temps
Les clochers du Nouveau Monde
Flashent dans la nuit profonde
Néons géants de Shell ou de McDo
Un douanier de série B
Me fait signe de stopper
Where do you live and where do you go?

Je descends à la mer où m'attend une femme
Je descends à la mer où mon amour m'attend

Je n'ai rien laissé derrière
Qu'une prison familière
Dont j'étais moi-même le geôlier
Que des barreaux que j'avais
Tracés moi-même à la craie
Quand je n'étais encore qu'un écolier
Que des fudges et des cantiques
Des Messerschmitt en plastique
Des framboises et des baigneuses nues
Des dessins pleins de secrets
Des silences et le regret
D'une enfance à peine entraperçue

Je descends à la mer où m'attend une femme
Je descends à la mer où mon amour m'attend

Elle m'attend dans la brume
De la plage qui s'enfume
Dès qu'elle sort saluer le matin
Elle m'attend en plein cœur
Du chœur des oiseaux moqueurs
Entre l'instant où la nuit s'éteint
Et celui où l'aube arrose
Son corps de cuivre et de rose
C'est là qu'elle habite exactement
Entre toujours et jamais
Entre hier et désormais
Là qu'on a rendez-vous maintenant

Je descends à la mer où m'attend une femme
Je descends à la mer où mon amour m'attend

Où mon amour m'attend

1993

JE FLÂNE EN CHEMIN

« Ma planche à destin », c'est un des rares calembours que je me suis permis. Mais je l'ai gardé, parce que j'ai fait deux ans d'architecture qui ont été mes deux plus belles années d'études. Et j'aimais bien cette « planche à dessins ». Alors, ça, c'est relativement léger et le rythme aussi... Mon problème dans cette chanson-là, et c'est un problème qui a duré cinq ans, c'était pas la musique, c'était les paroles. Comment est-ce qu'on va cimenter ça ? Est-ce que ce sera une chanson sans refrain ? Il me semblait impossible qu'il n'y ait pas de refrain. Plus ça allait, plus je voyais que le refrain, lui, en contrepoids, devait contenir une certaine gravité. Et les six vers du refrain sont sans doute parmi les plus lourds ou les plus philosophiques que j'aie écrits : « On sait pas / Où on s'en va / Ni d'où on vient / Sous la toile / Des étoiles / On est rien. » C'est peu de chose. Bien sûr, il fallait que la musique accompagne tout ça. J'ai eu une drôle de résolution harmonique... « Je flâne en chemin / On sait pas / Où on s'en va / Ni d'où on vient / Sous la toile / Des étoiles / On est rien. » Là, je suis monté d'un demi-ton, je suis monté en *mi* bémol. C'est un accord un petit peu spécial, un petit peu « spacy », comme disaient mes copains dans le studio, qui fait voir aussi les étoiles. Il fallait aussi sortir l'auditeur de la quotidienneté.

J'ai jamais su rentrer dans l'rang
Jamais su devenir grand
J'ai toujours eu peur dans la noirceur
Et dans les ascenseurs
Loin des foules et loin des autoroutes
J'préfère les p'tites routes
Et tout seul sur ma planche à destin
Je flâne en chemin
Je flâne en chemin

J'ai jamais su marcher au pas
Jamais su donner le *la*
C'est toujours trop tôt ou trop tard
Jamais le bon départ
Tant qu'il reste un rendez-vous manqué
Un ami sur un quai
Tant qu'le cœur me prend par la main
Je flâne en chemin
Je flâne en chemin

On sait pas
Où on s'en va
Ni d'où on vient
Sous la toile
Des étoiles
On est rien

Et je m'attarde en attendant
Tant qu'il y a des fleurs des champs
Tant qu'il y a du jazz dans les pianos
Et du vin dans l'tonneau
Je m'attarde à prendre le meilleur
Avant d'aller ailleurs
Voir si les anges ont des ailes ou des seins
Je flâne en chemin
Je flâne en chemin

On sait pas
Où on s'en va
Ni d'où on vient
Sous la toile
Des étoiles
On est rien

Je flâne en chemin…
Je flâne en chemin…

1989

JE NE VEUX PAS DEVENIR GRAND

Quand j'avais dix ans
Ma mère m'a dit mon enfant
Qu'est-ce que tu vas faire
Quand tu seras grand
J'ai dit ne t'en fais pas
On verra ça dans le temps
C'est plus important

Je ne veux pas devenir grand non non
Je n'veux pas laisser mes jeux d'enfant
Je n'veux pas devenir grand non non
J'ai tellement de choses à faire avant

Quand j'ai eu vingt ans
Mes maîtres m'ont dit mon enfant
Qu'est-ce que tu vas faire
Quand tu seras grand
Désormais tu fais partie
De l'élite des savants
J'ai dit je vous remercie
J'ai pris la clé des champs

Je ne veux pas devenir grand non non
Je n'veux pas laisser mes jeux d'enfant
Je n'veux pas devenir grand non non
J'ai tellement de choses à faire avant

Maintenant que j'ai trente ans
Ma mie me dit en riant
Qu'est-ce que tu vas faire
Quand tu seras grand
Je lui dis faut pas s'en faire
Et comme on n'est plus des enfants
On peut faire semblant d'en faire
C'est un petit jeu charmant

Je ne veux pas devenir grand non non
Je n'veux pas laisser mes jeux d'enfant
Je n'veux pas devenir grand non non
J'ai tellement de choses à faire avant

Je me vois devant saint Pierre
Quelque part vers cent ans
Qui me dit qu'est-ce que tu vas faire
Maintenant que t'es grand
Si c'est pas pour vous déplaire
Si c'est pas contre le règlement
Je voudrais bien retourner sur terre
Dans la peau d'un enfant

1970-1971

JE N'Y SUIS POUR PERSONNE*

Je n'y suis – je n'y suis pour personne
Et personne ne suis
Qu'une chaise de plage en automne
Qu'un parasol plié
Dans un coffre oublié
Fermé
Je n'y suis pour personne

Je n'y suis – n'y suis pour personne
Et personne ne suis
Qu'un silence de plus en automne
Qu'un feu de feuilles mortes
Juste un mot sur la porte
« Fermé »
Je n'y suis pour personne

Surtout pas pour l'hiver
Qui fout tout à l'envers
Qui saccage et découd
Ce qu'il reste de nous
Tout est fermé
Je n'y suis pour personne

Je n'y suis pour personne
J'ai rangé les valises
Y aura pas de gondoles à Venise
À moins que tu m'appelles
Ou que tu sonnes
C'est fermé
Je n'y suis pour personne

* Musique : Daniel Lavoie.

Surtout pas pour l'hiver
Qui fout tout à l'envers
Qui traque les oiseaux
Et qui nous fait la peau
Tout est fermé
Je n'y suis pour personne

1995

JE T'AIME PLUS

Je t'aime plus que je ne peux le dire
Laisse mes yeux laisse mon corps parler
Laisse ma vie mais ça ne peut suffire
Je t'aime plus qu'on ne peut le chanter
Je sais je sais que l'amour nous ressemble
Qu'il est fragile et meurtrit ceux qu'il prend
Mais chaque jour que nous vivons ensemble
Mêle nos cœurs plus invinciblement

Me souvient-il encore
D'un enfant perdu
Sur les quais du rêve
Qui jouait trop souvent
Près du bord de l'eau
C'était moi
Avant toi

Tu m'as rendu la lumière et la rose
Le goût de vivre et d'aimer avec toi
La sève chante il est un sens aux choses
Je viens au monde une seconde fois
Nous sommes deux contre la solitude
Contre la mort et les tombeaux du temps
Mon corps mon sang ma seule certitude
Je t'aime plus et toi tu m'aimes autant

1967

J'IMAGINE UNE VILLE

J'imagine une ville une ville au soleil
À l'échelle du monde une ville est à faire
Pour l'arbre et pour ses fruits pour l'homme et pour ses fils
Pour la vie à venir j'imagine une ville

La forêt vierge enfin y rejoindra Broadway
Dans un jardin de rêve où les jeux des enfants
Accorderont partout la fleur et le ciment
Pour inventer un monde à la taille de l'homme

J'imagine une ville une ville au soleil
À l'échelle du monde une ville est à faire
Pour l'arbre et pour ses fruits pour l'homme et pour ses fils
Pour la vie à venir j'imagine une ville

L'amour enfin durable entre l'homme et la femme
Y poussera partout ses branches libérées
J'imagine une ville où règnent les amants
Nous n'aurons à chanter que notre ressemblance

J'imagine une ville une ville au soleil
À l'échelle du monde une ville est à faire
Pour l'arbre et pour ses fruits pour l'homme et pour ses fils
Pour la vie à venir j'imagine une ville

Non je ne parle pas d'une ville impossible
Et ne veux rien chanter que mon rêve et le tien
Car nous savons qu'il vient le jour où l'on verra
Tous les ponts s'établir entre tous les rivages
Comme des mains tendues d'un bout de l'homme à l'autre

J'imagine une ville une ville au soleil
À l'échelle du monde une ville est à faire
Pour l'arbre et pour ses fruits pour l'homme et pour ses fils
Pour la vie à venir j'imagine une ville

juin 1969

LE JOUEUR DE BLUES

Il est au fond de moi
Perdue dans mes ruelles
Une chambre où parfois sur un piano d'occasion
Un nègre fraternel
Joue le blues éternel
Les yeux dans les fumées bleues
De ses mégots de ses rêves
Tout un monde s'allume
À travers cette brume
Je vois ses doigts qui rient qui jouent
Qui dansent sur le clavier
Non la Terre Promise n'est pas aussi loin que tu le pensais
Joue tu feras tomber les murs de Jéricho

Joue mon ami joue joue
Je sais que la terre est triste
Mais elle n'est plus triste quand tu joues le jazz
    comme tu le joues
Joue
Je ne sais pas ton nom
Mais je sais que tu es moi
Si j'étais pianiste et si j'étais noir
D'ailleurs il n'y a plus de Noirs
Il n'y a plus de Blancs
Il n'y a que des blanches et des noires sur le piano
Qui s'accordent parfaitement
The Lord is walking on the water right over the mountain
    when you play
Joue, le monde à venir se tresse entre tes doigts

Même si tu te sens plus seul
Qu'un papier dans l'égout
Even if your baby has gone
T'en fais pas tu sais bien que ton seul vrai *baby*
C'est ton piano
Tu lui fais des enfants qui chantent
Et puis tu n'es plus seul
Nous sommes des millions autour de toi
Le monde qui s'allume
Et déchire ta brume
C'est comme si toutes les mains du monde
Allaient taper avec toi
Non la Terre Promise n'est pas aussi loin que tu le pensais
Joue tu feras tomber
Comme les trompettes de Josué
Joue tu feras tomber les murs de Jéricho

1967-1968

LE JOUEUR DE PIANO*

J'allais quelquefois chez Sylvain et je lui disais : « Vide donc tes fonds de tiroirs, donne-moi un texte ou deux que je fasse une chanson avec... » Un jour, il me donne celle-là. Il me dit alors : « J'en ai une, mais il me semble qu'elle n'est pas pour moi, il me semble qu'elle est pour toi. »

« Je dis bon ok, peut-être, je vais apporter ça chez moi... » J'ai commencé à m'amuser avec, puis un soir j'ai senti que ce n'était pas moi du tout dans la chanson, c'était Sylvain complètement. Et il y a une musique très « sylvanesque » qui est sortie, d'ailleurs. Parce que je pense qu'on pourrait soupçonner Sylvain d'avoir fait la musique. Et j'ai appelé Sylvain ce soir-là et j'ai dit : « Je pense que j'ai une chanson, Sylvain, mais ce serait mieux si c'était toi qui la chantais, je la sens pour toi. » C'est une chanson qui, finalement, est devenue quasiment une signature pour lui à la fin. J'en suis et j'en étais très fier.

DANIEL LAVOIE

C'est vraiment typique de Daniel... Daniel Lavoie est un ami de longue date, mais il a, je ne sais pas comment il s'y prend, il a comme le talent de me faire sortir de mes dossiers des trucs que j'avais mis là en réserve, que je ne trouvais pas tout à fait bon, tout à fait fini.

– T'aurais pas quelque chose qui...

– Oui, mais je ne trouve pas que c'est très bon.

– Oui, mais passe-le moi, on verra toujours...

Pour « Je n'y suis pour personne », ça s'était passé exactement de la même façon. Il m'avait dit : « Gêne-toi pas, va dans ce que tu crois pas bon... »

C'est le seul qui arrive à faire ça. Tant que je ne suis pas certain d'une chanson, je la cache. Je n'étais pas sûr (pour « Le joueur de piano »), mais, après que Daniel eut trouvé la musique, j'ai retravaillé le texte pour qu'il me convienne tout à fait. Je suis très content de cette chanson-là. C'est un petit clin d'œil que je me fais à moi-même. Le « je » là-dedans, c'est un pianiste d'hôtel, de cocktail lounge, ce qui n'est pas mon cas, sauf une fois par année au Studio 12 de Radio-Canada.

* Musique : Daniel Lavoie.

Je m'effiloche par les bouts
À petits coups je me découds
Mais j'toffe
Pour combien d'temps ça j'le sais pas
Peut-être bien que j'avais pas
L'étoffe
En attendant j'fais du piano
Dans un hôtel *straight* et rétro
Y a pire
Jouer d'la musique c'est bien un jeu
Tant que je joue c'est signe que je
Respire

Je n'suis qu'un joueur de piano
Cherchez pas trop loin dans mes mots
Y a pas de quoi tomber su'le dos
Du joueur de piano

J'y mets tout l'cœur que j'ai dans l'corps
J'aime les treizièmes et les accords
Fuckés
Mais qu'ils soient bons qu'ils soient mauvais
J'connais personne qui l'ait jamais
R'marqué
Même quand les doigts me font défaut
Ou qu'le piano me joue des fausses notes
Les clients s'font leur cinéma
Dans plus ou moins *Casablanca*
Why not

Je n'suis qu'un joueur de piano
Cherchez pas trop loin dans mes mots
Y a pas de quoi tomber su'le dos
Du joueur de piano

Même « Quand les hommes vivront d'amour »
Moi mon affaire sera toujours
Précaire
Toi tu t'en fous tant que j'te joue
As Time Goes By ou *She Loves You*
Who Cares

Je n'suis qu'un joueur de piano
Cherchez pas trop loin dans mes mots
Vous pourriez tomber sur le *sol*
Bémol
Et ça c'est mauvais pour le *do*
Du joueur de piano

1998

LES JOURS S'EN VONT

Les fruits dessous les fleurs nous parlent de septembre
Et de l'éternité
Je te porte en mes mains
Le doux jardin et l'ambre
Où nous aurons été
Un peu chacun de l'autre
Et la profonde chambre de notre amour été

Les jours s'en vont perdus
S'en vont avec la peine
S'en vont avec l'amour
Et toi
Dis-moi ce qui meurt après les roses
Au bout des noirs hivers
C'est encore une rose
Et ta chanson

Vois revenir la saison plus ardente et plus lasse
Où nos chers souvenirs
Couleront dans la mer sous les champs
Sur les places
Et sans jamais finir
Seront souffle et soleil
Contre le temps qui passe
Avec notre avenir

Les jours s'en vont perdus
S'en vont avec la peine
S'en vont avec l'amour
Et toi
Dis-moi ce qui meurt après les roses
Au bout des noirs hivers
C'est encore une rose
Et ta chanson

Nous aurons d'autres mains aussi d'autres visages
Et d'autres reprendront
Où nous l'aurons laissé
Le merveilleux voyage
Pendant qu'un aviron
Brisera doucement sur l'étang
C'est encore une rose
Le nuage
Et l'eau que nous serons

Les jours s'en vont perdus
S'en vont avec la peine
S'en vont avec l'amour
Et toi
Dis-moi ce qui demeure après les roses
Au bout des noirs hivers
C'est encore une rose
Et toujours

1963

KEROUAC

La seule fois que je t'ai vu
À la télé en soixante-sept
T'avais l'air d'un bûcheron perdu
Dans sa légende de poète
Si je t'ai cru presque parent
C'était peut-être malgré moi
Juste à cause de ton accent
D'un vieux « mononcle des États »

Je ne veux pas savoir pourquoi
Pas plus loin qu'en mil neuf cent vingt
Un bon million de Québécois
Sont devenus américains
Je ne veux pas savoir non plus
Je l'imagine et c'est assez
Pour quelle raison t'as jamais pu
Terminer ton livre en français

Mais quand je lis ta prose folle
Je me dis que ton seul pays
Ce fut la Route qui s'affole
À cent milles à l'heure dans la nuit
Que ton seul lieu ce fut les Mots
Avec dedans le rêve aphone
D'un jour y voir entrer Rimbaud
À cheval sur un saxophone

De Lowell Mass. jusqu'à Big Sur
T'as roulé ta vie comme un joint
Sans jamais fumer ta blessure
Y avait trop d'speed dans les racoins
Y avait trop d'bière dans les canettes
Y avait trop d'plomb dans ton crayon
Y avait trop d'visions dans ta tête
Et t'as jamais su leur dire non

Toi qui fus le premier beatnik
Toi qui fus le premier maudit
De cette insolente Amérique
Que tu savais déjà finie
Je te salue *Damn' Old Canuck*
Hobo banni et bum sacré
Clochard céleste et saint baroque
D'un Occident agonisé

1976

LA LANTERNE MAGIQUE

On a remisé dans le vieux hangar
Le train, les jonquilles et le chef de gare
Le violon d'Hélène, l'écharpe volée
C'est l'histoire d'un film jamais terminé
On n'était que trois, mais on était fous
Fous du cinéma, et l'on faisait tout
Depuis les sandwichs jusqu'à la photo
En passant par les effets spéciaux

La lanterne magique a tout emporté
La petite musique, le cœur à chanter
La lanterne magique a tout emporté
La petite musique, le cœur à chanter

Elle était jolie, j'étais musicien
Il était anglais et l'on s'aimait bien
Comme on faisait rien pour être compris
On n'était pas loin d'avoir du génie
C'était malgré moi, j'aimais répéter
Plus qu'il ne fallait la scène du baiser
Les lèvres d'Hélène, je les aurais bues
Quelque part, ça lui aura déplu

La lanterne magique a tout emporté
La petite musique, le cœur à chanter
La lanterne magique a tout emporté
La petite musique, le cœur à chanter

Le départ d'Hélène au petit matin
Avec mon ami, avec mon copain
On l'a pas tourné parce qu'il pleuvait trop
C'était pas non plus dans le scénario
Je suis resté seul dans le vieux hangar
Avec les jonquilles et le chef de gare
Le violon d'Hélène, l'écharpe volée
Mais la magie s'était envolée

La lanterne magique a tout emporté
La petite musique, le cœur à chanter
La lanterne magique a tout emporté
La petite musique, le cœur à chanter

1988

LETTRE DE TORONTO

Salut Sylvain, comment ça va vieux frère
Tu m'excuseras si j'ai pas trouvé l'temps
D't'écrire avant, mais y s'passe trop d'affaires
Pis Toronto c'est pas la rue Saint-Jean
Ça fait six mois que j'fais partie d'un groupe
J'joue les claviers, pis c'est plus que tripant
Faut dire qu'icitte, la musique est au boutte
Pus rien à voir avec nos shows d'avant

Prends pas ça mal, j'aime encore tes poèmes
Mais c'est fini l'trip des boîtes à chansons
Faut penser gros pour détruire le système
Pis les Anglais, y a rien à faire, ils l'ont
Si tu voyais le stock qu'on déménage
Juste pour te dire: ça nous prend deux camions
Pus rien qui manque quand on part en voyage
Pis pus jamais d'maudits problèmes de son

J't'envoie les mots d'une toune que j'viens d'écrire
C'est pas d'ma faute, chus meilleur en anglais
Mais si des fois tu voulais m'la traduire
Ben entendu, c'est moi qui la chanterais
On vient d'signer cinq ans chez CBS
Y nous ont dit que tout c'qui nous manquait
C't une toune française pour le marché de l'Est
Sont forts à CHOM, t'inquiète pas du succès

Le mois prochain, on part pour Los Angeles
Vu qu'not' gérant est en Californie
On a compris qui c'qui tire les ficelles
Et si des soirs je m'ennuie d'mes amis
Mon seul pays, maintenant c'est la musique
Pis la musique c'est les États-Unis
Viens faire un tour avant d'être folklorique
Tu verras ben si c'est vrai c'que j'te dis

1978

LETTRE SANS ADRESSE*

Je voulais t'écrire une lettre
Mais voilà je ne trouve pas
Les phrases qu'il faudrait y mettre
Pour te parler de moi sans toi
Pour te dire qu'il fait beau temps
Mais que sans toi tous les printemps
Me sont plus sombres que novembre
Qu'il ne se passe à peu près rien
Que les enfants se portent bien
Et qu'il fait froid dans notre chambre

Chaque matin je me fais belle
En pensant quand il rentrera
Je veux qu'il me retrouve telle
Qu'il m'aimait quand il était là
Mais tu n'es jamais là le soir
Et je devrais enfin savoir
Qu'il n'est ni lendemain ni veille
Que tous ces gestes sont perdus
Puisque tu n'es pas revenu
Et que déjà je me fais vieille

* Pour Danielle Oddera.
Danielle Oddera, *Lettres sans adresse*, KD-940, 33 tours, 1978.

On n'a pas cessé de me dire
Qu'on oublie tout avec le temps
Moi je fais semblant de sourire
Mais tu me manques plus qu'avant
J'aurais voulu te dire aussi
Que ta pensée partout me suit
Tu vois c'est banal et morose
Et puis t'ouvrir à tout jamais
Une rose que tu aimais
Et qui se meurt que tu l'arroses

Je voulais t'écrire une lettre

1971

LIGNES DE CŒUR

Quand j'ai pris le chemin
Des lignes de ta main
Je me suis endormi
Sur ta ligne de vie
J'ai perdu la cadence
Sur ta ligne de chance
Désormais plus de fleurs
Sur ma ligne de cœur

Quand j'ai pris le parti
De la cartomancie
Je me suis égaré
Dans tes feuilles de thé
J'ai perdu le moral
Dans tes boules de cristal
Désormais que des pleurs
Sur ma ligne de cœur

Et pourtant nos cartes du ciel
En tous points s'accordaient
Les maisons, le septième ciel
Que de jolis aspects
Ta Vénus chauffait mon Uranus
Quand sur la queue du piano
J'ai vu les cornes
D'un Capricorne
Qui jouait dans mon dos

Depuis que t'es plus là
J'ai plus trouvé le *la*
Plus de chansons jolies
Sur ma ligne de vie
Plus personne qui danse
Sur ma ligne de chance
Y a panne de secteur
Sur ma ligne de cœur

1985

LITANIES

Fragile entre mes doigts si fleur et si métal
    Je t'aime
Comme l'herbe s'éveille au soleil matinal
    Je t'aime
Tu m'es venue comme la vie comme le sang
    Je t'aime
Ô toi mon cœur battant mon souffle mon printemps
    Je t'aime

Par les chemins heureux de nos lèvres sans fin
    Je t'aime
Tu viens avant la soif tu viens avant la faim
    Je t'aime
Plus lourde et plus légère à porter que le jour
    Je t'aime
C'est comme une chanson qui chanterait toujours
    Je t'aime

Ô toi ce que j'avais je te l'ai tout donné
    Je t'aime
Je recommence à vivre au creux de tes journées
    Je t'aime
En tablier en robe en rien qu'ombre et lumière
    Je t'aime
Ô toi toute musique ô toi toute prière
    Je t'aime

Ô toi tout à la fois mon baume et ma blessure
  Je t'aime
Ô toi il n'est jamais d'aimer sans meurtrissure
  Je t'aime
Et quels que soient les temps qu'il faut que nous passions
  Je t'aime
Ô mon Chemin de croix et ma Résurrection
  Je t'aime

Contre le mal contre la tombe
Contre le froid contre la faim
Contre les fusils et les bombes
Pour l'amour de ce monde humain
  Je t'aime
  Je t'aime

1962

LES LONGS VOYAGES

Toi qui reviens de long voyage
Toi qui reviens des mondes inconnus
Dis-nous le goût des paradis perdus
Qu'as-tu vu
J'ai vu sur l'étoile des Mages
Deux amants fous sur une plage
S'aimer sauvages
Au grand soleil beaux et nus

Dis-nous as-tu vu davantage
Tous les malheurs là-bas sont-ils vaincus
Et cet amour n'est-il jamais déçu
Que sais-tu
J'ai vu aussi près de la plage
Sous des toiles de camouflage
Un peuple en cage
Et des canons à l'affût

Toi qui reviens de long voyage
N'as-tu point vu quelque nouveau Jésus
Point de Jésus mais des croix suspendues
Dans les nues
Des cloches de Pâques en voyage
J'ai demandé de quel village
Et de quel âge
Personne n'a répondu

N'as-tu point lu quelque message
Les gens d'ailleurs ont-ils d'autres saluts
Est-il un monde où règne un autre but
Que l'obus
Je me souviens qu'un soir d'orage
Un prince que l'on disait sage
Brisa de rage
Tous ses miroirs et s'en fut

Toi qui reviens de long voyage
Maintenant que te voilà revenu
Dis-nous chez toi comment te trouves-tu
Que dis-tu
Il dit : Je repars en voyage
Je vais revoir mes paysages
Et sans bagages
S'en retourna dans sa rue

mars 1970

LA LUNE GRISE

Ce soir la lune est un peu grise
On a trinqué
À la santé de nos valises
Et des pavés
Où l'on titube tous les deux
La lune et moi, on est poètes
Et sa valise – devine un peu –
C'est la planète

Ce soir la lune est un peu grise
On a causé
De ma valise et de Maryse
Que j'ai quittée
J'en pouvais plus, elle m'aimait trop
Moi, le bonheur, ça me pourrit
Et j'ai filé sans dire un mot
C'est pas joli

Ça fait même pas deux nuits que j'suis parti
Et quand j'essaie de téléphoner
Elle me répond qu'c'est occupé
Ça fait même pas deux nuits, mais je m'ennuie
Je m'ennuie d'elle, pardonne-moi
Mais con comme la lune, c'est moi

La lune a dit : « Si je suis grise
C'est que j'ai peur
Il y a une bombe dans ma valise
Y a pas d'erreur
Si tu veux la désamorcer
Je rends la Terre à tes baisers
C'est la seule sortie de secours
Pour tes amours

« Si tu veux la désamorcer
Je rends la Terre à tes baisers
C'est la seule sortie de secours
Pour tes amours

« C'est la seule sortie de secours
Pour tes amours

« C'est la seule sortie de secours
Pour tes amours

« C'est la seule sortie de secours
Pour tes amours... »

1985

LA MAGIE D'ÊTRE ENSEMBLE

Par la magie d'être ensemble
Nos moindres gestes quotidiens
Font se confondre sans qu'il y semble
Nos chemins

Le même lit le même âge
Et pour deux cœurs un battement
Plus que jamais et plus va l'âge
Amants

Je sais je sais rien n'est acquis rien n'est gagné
Ni le bonheur ni l'amour
Mais moi
Je ne peux pas penser que l'aube un jour
Non
Se lève sans tes yeux

Tes yeux j'y perds la mémoire
D'être jamais seul et sans toi
Le cœur le sang de mon histoire
C'est toi

Puisque la mort est sur la table avec le pain
Dans le journal dans la cour
Alors
Que reste-t-il entre nos doigts tremblants
Rien
Rien que ce frêle amour

Et nous faisons le voyage
Vaincus d'avance et désarmés
Dans la merveille et dans la rage
D'aimer

1967-1968

MARIE-HÉLÈNE

Quand j'ai écrit « Marie-Hélène », c'était en 1976. Je croyais que la situation des jeunes allait changer. Mais elle est toujours vraie, cette chanson : qu'il n'est pas facile d'avoir 20 ans. Toute la tradition de la chanson dit que c'est beau d'avoir 20 ans, et ç'a été beau pour moi. Je regarde les étudiants avec lesquels je travaille, c'est beaucoup moins beau pour eux. La chanson est partie de ce contraste-là, entre les chansons plus anciennes et cette génération, qui était une très belle génération, avec laquelle je travaillais quotidiennement et qui m'inquiétait. La chanson allait raconter la solitude. Au départ, ce n'était pas une fille, c'était plus une génération. Je ne connaissais aucune Marie-Hélène. Après, il y a eu évidemment des jeunes filles qui m'arrêtaient et qui me disaient : « C'est moi, Marie-Hélène ! »

Marie-Hélène vient juste d'avoir vingt ans
Ça fait six mois qu'est en appartement
Sur les murs blancs d'un p'tit troisième étage
Rue Saint-Denis, est partie en voyage

Marie-Hélène a pourtant pas d'amant
Juste des amis qui viennent de temps en temps
Fumer son pot, écouter sa musique
Marie-Hélène est une fille sympathique

C'est pas facile d'avoir vingt ans
C'est plus mêlant qu'avant
C'est pas facile d'avoir vingt ans
Elle a le temps, tout le temps

En mobylette, en métro ou à pied
Marie-Hélène traverse la société
Née par hasard dans le mauvais pays
Au mauvais temps, Marie-Hélène s'ennuie

S'ennuie de quoi ? Elle le sait pas trop bien
S'ennuie de qui ? Elle le sait encore moins
En attendant y a eu deux mois d'ouvrage
Un mois d'études, pis l'assurance-chômage

C'est pas facile d'avoir vingt ans
C'est plus mêlant qu'avant
C'est pas facile d'avoir vingt ans
Elle a le temps, tout le temps

Le temps d'user jusqu'au dernier sillon
Son Genesis et sa *Cinquième saison*
Et d'oublier les mots de « Let It Be »
Qui joue la nuit quand tout l'monde est parti

Mais « Let It Be », c'est déjà l'ancien temps
Marie-Hélène avait même pas dix ans
Et c'est si loin qu'elle le sait plus par cœur
Et c'est tout ça qui fait qu'elle a si peu

C'est pas facile d'avoir vingt ans
C'est plus mêlant qu'avant
C'est pas facile d'avoir vingt ans

Elle a le temps, tout le temps

1976

METTEZ D'LA OUATE SI ÇA FAIT MAL

Moi je me shoote aux décibels
Des Rolling Stones à Pachelbel
Mettez d'la ouate si ça fait mal
J'ai deux cents watts dans chaque canal

J'ai trafiqué tous les gadgets
Suffit qu'on vende pour que j'achète
Tout c'que j'demande, c'est qu'la musique
Sorte aussi fort qu'une tonne de briques

J'ai mon studio dans mon auto
Une vieille minoune – une Camaro –
J'la laisse rouiller pour éviter
Que les voleurs se laissent tenter

Mais quand je file sur l'autoroute
Pédale au fond, volume au boutte
Avec ma blonde en stéréo
C'est effrayant comme le monde est beau

Moi mon ampli, c'est mon seul cri
Ma seule maison, mon seul abri
Mon seul enfant contre les armes
Mon seul Kleenex contre les larmes

C'est mon missile contre le bruit
C'est mon Big Mac contre l'ennui
Des Rolling Stones à Pachelbel
Moi je me shoote aux décibels

Mettez d'la ouate si ça fait mal
J'ai deux cents watts dans chaque canal

1983

MOMAN EST LÀ

Vingt-cinq ans dans 'cuisine
Les couches pis les comm'ssions
Le ménage, le lavage
Le r'passage pis les r'pas
Les enfants mettent même pas
Leur linge sale dans l'panier
Ben sûr, moman est là

Apporte-moi don' une bière
Viens don' voir mes devoirs
Oublie don' pas de r'coudre
Les boutons d'mon manteau
Pourrais-tu faire les comptes
Pis mon rapport d'impôt
Ben sûr, moman est là

Et lui prend son bonbon
Tous les vendredis soir
L'air de mettre un trente sous
Dans sa machine à Coke
Quand la machine veut pas
Y prend son Coke ailleurs
Son Coke ou son cognac
Ça dépend des humeurs

Mais a sort les vidanges
Pis a s'occupe du chat
La première à se l'ver
La dernière à s'coucher
A' pas l'temps d'être malade
A' trop d'ouvrage pour ça
Ben sûr, moman est là

Un soir y sont rentrés
Moman était pus là
Ni le lendemain soir
Ni le surlendemain
Au bout de quelque temps
Les enfants l'ont revue
Plus jeune et plus jolie
Qu'ils ne l'avaient connue

Mais lui n'a jamais su
Ni pourquoi ni comment
La femme qui le servait
Avait sacré son camp
Un film américain
Sans le baiser d'la fin
The End… et puis voilà

1979

LES MOTS PERDUS*

J'aimais le cinéma depuis toujours. Un samedi matin, je reçois un appel de Marcel Simard, cinéaste. Je me dis : « Ah, voilà ma chance ! » Marcel Simard me dit : « J'ai fait un film qui traite de l'aphasie et qui a pour titre *Les mots perdus*. On a la musique mais pas de paroles et c'est pour lundi. »

J'ai fait un travail de recherche sur l'aphasie et, le lundi, le texte « Les mots perdus » était prêt. La musique a été écrite par Judith Gruber-Stitzer et j'ai gravé la chanson sur le CD *Qu'est- ce qu'on a fait de nos rêves ?*

J'ai cassé
Les mots
Comme un miroir
En mille morceaux
J'ai plus rien
Que des bouts
Dans ma bouche
Comme des cailloux

Et je suis
À bout
À bout de phrases
À bout de tout
De silence
Et surtout
De ces yeux
Qui me fuient partout

* Musique de Judith Gruber-Stitzer pour le film *Les mots perdus* de Marcel Simard.

Il y a comme un casse-tête
Éclaté dans ma tête
Et les mots sont perdus
Et les mots sont perdus
Il y a cent mille trous de mémoire
Dans ma nuit noire, noire
Et les mots sont perdus

Rendez-moi
Les mots
Les mots jolis
De tous les jours
Mot à mot
S'il le faut
J'en ferai
Que des mots d'amour

Il y a comme un casse-tête
Éclaté dans ma tête
Et les mots sont perdus
Et les mots sont perdus
Il y a cent mille trous de mémoire
Dans ma nuit noire, noire
Et les mots sont perdus

1993

LES MOUTONS

Quand sur les bords du Saint-Laurent
Un petit mouton vient à naître
Sitôt son papa lui apprend
Ce que tout mouton doit connaître
Qu'il n'existe qu'une manière
De moutonner paisiblement
C'est de bien suivre le derrière
Du mouton qui marche devant

Comme dans toutes les sociétés
Bien sûr de soi-disant apôtres
Se sont avisés de brouter
Loin des quatre-vingt-dix-neuf autres
Mais quand ils mordent la houlette
Des bergers de l'autorité
On les transforme en côtelettes
C'est c'qu'on appelle la liberté

Dieu merci du vaste troupeau
La majorité silencieuse
Préfère le chant des pipeaux
Aux guitares des aboyeuses
Aussi dans ses blancs pâturages
Se laisse-t-elle en tout repos
En souriant, sans cris, sans rage
Manger la laine sur le dos

Pendant c'temps-là les braves bergers
Qui se prennent pour des artistes
À l'ombre du fleurdelisé
S'font passer pour saint Jean-Baptiste
Mais pour le jeûne ils s'en dispensent
Et le spectacle terminé
Qui c'est qui leur remplit la panse
Toujours des p'tits agneaux dorés

Qu'est-ce qu'on peut faire pour des moutons
Lorsque l'on est mouton soi-même
J'ai beau me gratter la toison
L'obsession demeure la même
J'en suis réduit dans ma folie
Dans ma troublante déraison
Pour combattre les insomnies
À compter les petits moutons

(Tant qu'il en reste...)

1972

NE COUPE PAS LE MÛRIER*

C'est un paysage toujours étonné
Que les condos l'aient pas bouffé
Y a le p'tit village toujours accroché
Entre la mer et l'été
Et puis y a l'mûrier sauvage
Qui sert de café du coin
À tous les oiseaux d'passage
Y en a qui viennent de très loin

Non, ne coupe pas le mûrier
Le paysage
À jamais serait amputé
Non, ne coupe pas le mûrier
Ce serait dommage
Qu'on refasse plus chaque été l'voyage
Non, ne coupe pas le mûrier
Ne coupe pas le mûrier

C'est un bout d'espace encore épargné
Un horizon oublié là
Tant pis si les fruits souillent le plancher
De la petite véranda
Mais sans le mûrier, personne
N'entendrait l'oiseau moqueur
Imiter le téléphone
Tous les matins à cinq heures

* Musique de Vic Angelillo.

Non, ne coupe pas le mûrier
Le paysage
À jamais serait amputé
Non, ne coupe pas le mûrier
Ce serait dommage
Qu'on refasse plus chaque été l'voyage
Non, ne coupe pas le mûrier
Ne coupe pas le mûrier

1989

NEIGE ET SOLEIL*

C'est un soir de 1968 à la Boîte à Clairette que Sylvain m'a apporté cette chanson qu'il venait tout juste de terminer. Quel cadeau pour la jeune interprète que j'étais ! Un auteur-compositeur décrivait avec grande intelligence et ouverture d'esprit mon appartenance à ce pays sans oublier les parfums de celui de mon enfance. Merci Sylvain pour ce « Neige et Soleil » devenu, grâce à toi, depuis plus de quarante ans, mon passeport en terre québécoise.

DANIELLE ODDERA

Sait-on jamais qui chante à travers nos chansons
J'entends que d'autres voix se mêlent à la mienne
Je les reconnais mal ensemble elles me viennent
Comme un torrent secret l'hiver sous les glaçons

Tout en moi se confond l'amour le romarin
Les rêves égarés au plus bleu des calanques
Les bouts effilochés des phrases qui me manquent
Et vos voix dans ma voix qui frayent leur chemin

Je voudrais que les mots pour une fois pareils
À de simples enfants disent tout ce qu'ils sentent
Qu'ils soient de vous à moi des caresses qui chantent
Des étreintes volées au plus chaud du soleil

La vie comme le temps je sais nous fait défaut
Et les mots les plus beaux nous trouvent insensibles
Mais je veux clamer haut malgré tant d'impossible
Que la vie vaut le coup de vivre ce qu'il faut

* Écrite pour Danielle Oddera.
Danielle Oddera, *Lettres sans adresse*, KD-940, 33 tours, 1978.

Même si j'ai gardé l'accent que vous savez
J'ai le cœur et le corps plantés dans cette terre
Je sens battre en mon sang le sang de ses rivières
Et sourdre au fond de moi ses cris de liberté

Je les entends monter dans moi comme à l'envers
D'un printemps dont le ciel confond l'appartenance
Si je parle de neige à mes plages d'enfance
J'ai des soleils à dire à mon pays d'hiver

1972

NOCES

Nous marcherons plus loin que le bout des chemins
Jusqu'à la source froide où nos pâles poussières
S'en iront dans le vent d'un humide matin
Et feront une fleur en notre cimetière

Ah ! que la nuit s'arrête, ah ! que s'ouvre le jour
Que vienne le matin déchirer la fenêtre
Et la mer à nos pieds dénouer ses amours
Tout est en trop déjà voici le temps de naître

Voici le temps de vivre et d'écarter l'ennui
Dans les jeux du printemps les sèves se réveillent
Et poussent dans nos bras leurs feuilles et leurs fruits
Nous sommes au milieu d'un jardin de merveilles

Vois tomber jour à jour les murs et les prisons
Vois les corps peu à peu n'enferment plus personne
Vois-les légers déjà rejoindre l'horizon
Dans l'éclat du soleil comme un clairon qui sonne

Et nos instants perdus entre hier et demain
Vois-les se ranimer source et vivante flamme
À l'éternelle fleur pour habiller enfin
À perte d'univers la forme de nos âmes

1964

NOTRE CHAMBRE

La lampe basse et le divan
La table devant la fenêtre
Les rideaux bleus sur le mur blanc
Il me semble voir apparaître
La ville avec ses toits anciens
Dans le lointain les bateaux pâles
Où nous faisions s'il t'en souvient
De longs voyages sans escale
Notre chambre
Notre chambre

Rappelle-toi le plat de fruits
Sur le comptoir et les fromages
Pour les amis des longues nuits
À refaire un monde moins sage
La musique y tournait sans fin
Comme un air tendre et respirable
C'était le havre et le jardin
Le feu de bois la bonne table
Notre chambre
Notre chambre

Dans les soleils d'après-midi
Traversés de fraîche légère
Il me revient le parfum gris
De fleurs mourant sur l'étagère
Je nous revois plus sûrement
Que si l'on s'y trouvait ensemble
Dans les jeux calmes des amants
Parmi la lumière qui tremble

J'y reviens mais n'y trouve plus
Ni les vieux trottoirs ni la porte
Un building neuf est apparu
Rien ne reste des pierres mortes
Plus rien ne se souvient de nous
Et seul un trop lointain nuage
Me parle de cet oiseau fou
Dont nous avions brisé la cage
Notre chambre
Notre chambre

Comme une étoile imaginée

1969

NOTRE FILLE*

Elle arrive sans souliers
Comme un rêve familier
Qu'on faisait sans se le dire
Au tournant de l'escalier

Elle apporte le matin
Dans ses yeux comme un jardin
Un étang vert où se mire
Quelque soleil incertain

Elle apporte le printemps
C'est un mois de mai chantant
Et je ne saurais écrire
L'or d'un seul de ses sourires

Elle arrive et tout à coup
Il s'est posé parmi nous
Tant de bonheur qu'à le dire
On se mettrait à genoux

Quand elle rit tout est beau
Il s'envole des oiseaux
Il n'est plus de porte close
Il se passe des ruisseaux

Pleure-t-elle tout est gris
Mais c'est bien vite fini
La pluie passe et sur les roses
Un soleil nouveau fleurit

*Chanson pour Catherine.

Quand elle s'endort sur moi
Il n'est pas de mot je crois
Pour nommer si belle chose
Et pardonnez-moi si j'ose

Presque l'aimer en amant
Mais elle n'a que deux ans
Elle est là qui nous compose
Notre fille notre enfant

1968

NOTRE VIE

Je marche près de toi
Tu marches près de moi
On dit que nous vivons ensemble
Moi je sais seulement
Que toute la vie ment
Si chaque jour ne nous rassemble
Sans toi je ne sais pas
Où trébuchent mes pas
Sans toi tous les soleils sont sombres
Sans toi tous les espoirs
Se maquillent de noir
Sans toi tout près de moi je sombre

On ne s'est pas connus
Simplement reconnus
Comme on reconnaît son visage
Dans le miroir sans tain
De deux regards certains
De n'être qu'un seul paysage
Et nous ne savons rien
Ni le mal ni le bien
Nous sommes nous deux sans comprendre
Et sans autre passé
Que cet amour blessé
D'être jour après jour plus tendre

Nous allons simplement
Comme vont les amants
Parmi les gestes et les choses
Qui font de chaque jour
Le chemin de toujours
Et nous ne croyons plus aux roses
Dites le verbe aimer
Dites le mois de mai
Dites les mots qui sont les vôtres
Jamais ceux que je sais
Ne sauront dire assez
Ce trop grand amour fou le nôtre

1972

LE NOUVEAU MONDE*

Dans le soleil de chaque jour
Qui s'entête à couvrir de chance
Ce qu'il reste de nos amours
Contre toute espérance
Dans le moindre rire d'enfant
Dans le moindre chant qui réponde
Aux rêves fous de nos vingt ans
J'entends monter un monde

Un monde sans barrières
Sans armes ni frontières
Les villes prisonnières
D'amour

Par les mots gravés sur les murs
De toutes les prisons des hommes
Par les fleurs des chemins obscurs
Qui ne vont pas à Rome
Par les horizons barbelés
Et par la dernière seconde
De tous ceux qu'on fit s'en aller
J'entends gronder un monde

Un monde sans barrières
Sans armes ni frontières
Les villes prisonnières
D'amour

* Chanson primée au concours *La clé d'or* en 1970. Interprétée par Danielle Oddera.

On me dit que ces mots sont beaux
Mais qu'on ne croit plus aux chimères
Que l'avenir est aux robots
Qu'il n'est plus rien à faire
Pardonnez-moi si j'aime mieux
Croire que ces beaux enfants qui frondent
Auront le temps de devenir vieux
Et de bâtir un monde

Un monde sans barrières
Sans armes ni frontières
Les villes prisonnières
D'amour
Et de liberté

1969

LA NUIT EST DOUCE

La nuit est douce
Repose-toi
La rose pousse
Entre tes doigts
Entre tes reins
Un lit de mousse
La nuit est douce
Et sans chagrin

La nuit est douce
Ferme les yeux
L'or éclabousse
Dans tes cheveux
Sur tes genoux
La lampe est rousse
La nuit est douce
Et rien qu'à nous

Pourquoi chercher la peine
Pourquoi chercher souffrir
Pourquoi chercher la chaîne
Plutôt que le plaisir

La nuit est douce
Donne ta main
Où la fleur pousse
Pousse un jardin
N'écoute pas
Le temps qui tousse
La nuit est douce
Ne t'endors pas
La nuit est douce
Ne t'en va pas

1977

OLD ORCHARD

Oui nous irons à Old Orchard c't'été
Où l'air salin vient doucement se mêler
Aux parfums d'frites pis de hot-dogs steamés
Où l'bruit des vagues au bruit des rails
Des montagnes russes vient s'mélanger

Les pieds dans l'sable, les yeux sur la mer bleue
Entr' les canettes de Mol' pis d'Labatt Bleue
Pendant quinze jours, on pourra s'faire toaster
Oui nous irons à Old Orchard c't'été

Quand vient janvier, qu'on voit s'envoler
Toutt' les luckés
Pour Acapulco, Puerto Rico ou Tobago
Tout c'qu'on a pour s'consoler, c'est s'dire : okay
Le quinze juillet sur la rue Peel à cent degrés
Y pourront ben crever, y pourront même cailler

Nous autr's on s'ra à Old Orchard c't'été
D'in beau motel à l'air climatisé
Les jours de pluie, on ira barguiner
Dans les boutiques des bons p'tits Juifs qui disent :
« Cinq piasses, mais jusse pour toué »

Les soirs su'l'*Pier*, on jouera au bingo
Pis on r'gard'ra la lune tomber dans l'eau
En échangeant nos plus tendres baisers
Oui nous irons à Old Orchard c't'été

Les pieds dans l'sable, les yeux sur la mer bleue
Entr' les canettes de Mol' pis d'Labatt Bleue
Pendant quinze jours, on pourra s'faire toaster
Oui nous irons à Old Orchard c't'été
Oui nous irons à Old Orchard c't'été

1975

OVERDOSE*

Des jours, elle me comblait de roses
Des jours, elle m'accablait pour rien
Des jours « morons », des jours moroses
Des jours magie, des jours matin

Des jours, il se passait des choses
Des jours, il ne se passait rien

    Je n'ai jamais pris d'overdose
    Je ne me suis jamais piqué
    Sauf aux épines de ses roses
    Sauf aux dards de ses doigts bagués

Elle avait ses métamorphoses
Entre l'amour et le dédain
Entre l'extase et la névrose
Entre la cour et le jardin

Des jours, il se passait des choses
Des jours, il ne se passait rien

    Je n'ai jamais pris d'overdose
    Je ne me suis jamais piqué
    Sauf aux épines de ses roses
    Sauf aux dards de ses doigts bagués

Et toujours en mon cœur, enclose
J'ai gardé de ce temps mutin
La mémoire des jours de roses
La mémoire des jours de rien

* Musique de Vic Angelillo.

Des jours qu'il se passait des choses
Des jours qu'il ne se passait rien

Je n'ai jamais pris d'overdose
Je ne me suis jamais piqué
Sauf aux épines de ses roses
Sauf aux dards de ses doigts bagués

1985

PANTALON GRIS ET VESTON BLEU

Je suis d'une espèce menacée
Une espèce en voie d'extinction de voix
Ni autochtone ni cétacé
« La destinée, la rose au bois... »
J'ai des silences qui sont des cris
Des bémols qui sont des abris frileux
Et des blues en pantalon gris
Sur des accords en veston bleu
Sur des accords en veston bleu

Je vis deux pouces en bas d'la carte
À côté d'la track, du côté du cœur
J'habite un vieux château de cartes
Angle Sherbrooke et Gît-le-Cœur
J'ai passé l'âge en contrebande
Et laissé le reste aux soins du hasard
J'ai jamais fait partie d'la bande
Sinon pour faire bande à part
Sinon pour faire bande à part

Dans ma petite cour fragile
Quand revient l'automne, y a les écureuils
Il faut les voir – danseurs agiles ! –
Donner leur show sur le tilleul
Dans la maison, y a mon piano
– Mon premier baiser, mon dernier naufrage –
Où sur l'ancien métier des mots
Quelque chanson dort à l'ouvrage
Quelque chanson dort à l'ouvrage

J'ai des silences qui sont des cris
Des bémols qui sont des abris frileux
Et des blues en pantalon gris
Sur des accords en veston bleu

Et des blues en pantalon gris
Sur des accords en veston bleu

1993

LA PARTIE DE HOCKEY

C'qu'on a joué au hockey quand on était p'tits gars
On s'faisait dans nos cours des morceaux d'patinoire
Avec de vieux bouts d'planches – et pas mal de dégâts
Pis au premier froid bleu, on sortait l'arrosoir

J'étais l'plus p'tit d'la gang, mais quand j'avais mes gants
Mes pads, mes épaulettes, j'étais deux fois plus gros
Et même si je flottais dans mes patins trop grands
J'me prenais pour Boum Boum, j'fonçais comme un taureau

Au restaurant du coin, pour cin' cennes on avait
D'la gomme baloune avec des belles cartes en couleurs
De la « Ligne » nationale, on les collectionnait
Fallait mâcher longtemps pour avoir tous les joueurs

Enfin quand v'nait l'sam'di, c'étaient nos vraies parties
Les bâtons ben tépés, quat' briques pour faire les buts
Les filles su'l'bord d'la bande, au jeu, c'était parti
Quand on perdait, l'arbitre était toujours vendu

Mais un jour on arrive à la ligne bleue d'la vie
On échappe la rondelle, en douce on va s'asseoir
Parmi les spectateurs, on s'contente de l'envie
On joue en esprit à la tévé l'sam'di soir

Qui c'est qui va gagner la coupe Stanley c't'année
Qui c'est qui va finir en tête des compteurs
Mais rien ne vaut le temps où l'on se g'lait le nez
Les pouces et pis les pieds sur la glace à cinq heures

1968

PARTIR NOUS DEUX*

Partir, pour refaire à son tour le tour de
ce vieux monde
Partir, pour savoir à son tour que la Terre
est bien ronde
Partir, je l'ai fait plus souvent qu'à mon tour
Sans retour

Partir, c'était la mer du Nord et la mer
des Antilles
Partir, les canaux d'Amsterdam
les guitares de Castille
L'amour à deux rencontré dans les bars
Au hasard

Mais toi où étais-tu, pendant tous ces
voyages
Mais toi où étais-tu, toi que j'ai tant
cherchée
Toi que j'ai tant cherchée, dans les ports
les moins sages
C'est passant par ici que je t'ai retrouvée

Partir, désormais ce n'est plus que pour
tes paysages
Ouvrir, toutes les mers qui dorment
autour de ton corsage
Partir, c'est ton corps c'est ton cœur
c'est nous deux
Amoureux

* Musique : Pierre Calvé.
Pierre Calvé, *Aquarelles*, RIC2-9960, CD, 1999.

Partir, désormais ce n'est plus que pour
tes paysages
Ouvrir, toutes les mers qui dorment
autour de ton corsage
Partir, c'est ton corps, c'est ton cœur
c'est nous deux
Amoureux

1999

PARTIS DE ZÉRO (À FRAIS VIRÉS)

Bien sûr on connaît votre histoire
Pour l'avoir lue dans vos journaux
Un peu trop souvent pour y croire
Vous êtes partis de zéro
Vos succès n'ont pas de mystère
Et qui pourrait vraiment douter
Que vous connaissiez la misère
À voir comment vous l'exploitez

Sur les patios de vos piscines
Vous auscultez votre dollar
Puis vous fermez quelques usines
Entre les filles et le caviar
Un double scotch pour le courage
Et vous voilà tout désolés
Que tant de gens soient en chômage
Que les jeunes veuillent plus travailler

Mais vous gagnez toutes les guerres
C'est vous qui vendez les canons
Des deux côtés de la frontière
C'est la morale des millions
S'il advient que vos cœurs faiblissent
Traqués par le fisc et l'ennui
Curieux, mais c'est toujours en Suisse
Que vous retombez sur vos skis

Vous avez l'œil électronique
C'est vous les communications
Vos larbins sont en politique
Ils passent à la télévision
Et si d'aventure un ministre
Un monseigneur, un président
Ne joue pas dans votre registre
Qu'il se méfie des accidents

L'inflation c'est votre bedaine
La déflation votre cerveau
La récession votre rengaine
Et la colère notre lot
Aimez-vous donc les uns les autres
Mais surveillez vos pantalons
Votre intérêt n'est pas le nôtre
Et sachez bien que nous savons

Et sachez bien que nous savons

1982

PEINE PERDUE

Laissez-la tranquille dans le fond du bar
Avec ses Camel, avec son cafard
Laissez-la trinquer avec ses souvenirs
À la santé de l'avenir
Elle sait plus comment déployer ses ailes
Laissez-la rentrer sagement chez elle
Laissez-la dealer avec son whisky
Sa guitare et sa pharmacie

Ce n'est qu'une peine d'amour banale
Ce n'est qu'une peine perdue
Ce n'est qu'une peine d'amour banale
Bientôt ça ne saignera plus
Bientôt ça ne fera plus mal

Laissez-la choisir la fin de l'histoire
Et pardonnez-lui si parfois, le soir
Quand les idées noires lui font la cour
Elle ne crie pas au secours
Elle sait plus comment arroser ses plantes
Elle avait vingt ans, elle en paraît trente
Frappée dans le dos, touchée en plein cœur
Laissez-la douter du bonheur

Ce n'est qu'une peine d'amour banale
Ce n'est qu'une peine perdue
Ce n'est qu'une peine d'amour banale
Bientôt ça ne saignera plus
Bientôt ça ne fera plus mal

Laissez-lui le temps de fermer les livres
Et de s'étonner quand le goût de vivre
Viendra la surprendre au sortir du lit
Plus pâle, mais bien plus jolie
En flagrant délit de savoir encore
Saluer le soleil à travers les stores
En flagrant délit de tendre les bras
Laissez-la marcher jusque-là

Ce n'est qu'une peine d'amour banale
Ce n'est qu'une peine perdue
Ce n'est qu'une peine d'amour banale
Bientôt ça ne saignera plus
Bientôt ça ne fera plus mal

1988

PETIT BLUES POUR ÉRIC*

Dors c'est l'heure de dormir
Dors ne pleure plus
Dors la lune est à ton carreau qui t'attend
Dors la vie viendra bien assez vite te prendre
Dors c'est l'heure de dormir
Dors

Ta mère est là dans la cuisine
T'es juste la chambre voisine
Va si tu pleures on t'entendra
Ne pleure pas
Ferme tes yeux sur mon épaule
Ferme tes yeux ferme repose
On veille sur toi quand tu dors
Alors c'est d'accord

Dors c'est l'heure de dormir
Dors ne pleure plus
Dors la lune est à ton carreau qui t'attend
Dors la vie viendra bien assez vite te prendre
Dors c'est l'heure de dormir
Dors

* Chanson pour son fils.

La vie parlons-en de la vie
On s'aime un soir à la folie
À briser les murs et les toits
Et ça fait toi
Si je te dis qu'elle est plus belle
Depuis que t'es venu par elle
Ça fait qu'on s'aime plus encore
Alors c'est d'accord

Dors c'est l'heure de dormir
Dors ne pleure plus
Dors la lune est à ton carreau qui t'attend
Dors la vie viendra bien assez vite te prendre
Dors c'est l'heure de dormir
Dors

Je voulais te parler du monde
Y a la guerre qui fait sa ronde
Si jamais on t'appelait là
N'y va donc pas
Des fois je pense à te voir vivre
Que t'en sais plus long que les livres
Les plus gros sont pas les plus forts
Alors c'est d'accord

Dors c'est l'heure de dormir
Dors ne pleure plus
Dors la lune est à ton carreau qui t'attend
Dors la vie viendra bien assez vite te prendre
Dors c'est l'heure de dormir
Dors

1967

PETIT DÉSESPOIR

C'est un petit désespoir
De rien du tout
Un blues qui travaille au noir
Et qui s'en fout
De te voir dériver tout seul
C'est jamais lui qui t'engueule
Les jours où tu joues plus
Les jours où tu t'englues

C'est un petit désespoir
Qui fume trop
Les soirs où tu lui verses à boire
T'es sous zéro
C'est un Django de vaudeville
Égaré dans Barbecueville
Et qui te souffle au cœur
Un air de Cole Porter

C'est *Love for Sale*
Mais t'es plus sûr de rien
Où sont passés
Les matins musiciens
Où sont passés
Les jours
Dont la magie
T'éblouissait
Bonjour
La nostalgie

Mais voilà soudain Miles Davis
Et Charlie Parker
Qui te be-bopent et qui te dévissent
De l'intérieur
C'est à ton tour de prendre le solo
De montrer c'que t'as dans l'piano
Et d'envoyer s'faire voir
Le petit désespoir

C'est un petit désespoir
De rien du tout
Un blues qui travaille au noir
Et qui s'en fout
Et qui s'en fout...

1998

PETIT MATIN

Petit matin sans horizon
Petit café, fumées d'usines
Je r'garde le derrière des maisons
Les femmes sont à leurs cuisines
Y a des oiseaux qui s'font la cour
Sur les fils du Bell Téléphone
Et dans l'œil crevé de ma cour
Un 747 qui résonne

Il pousse un gros transformateur
Au cœur de ce qui fut un chêne
Sur la vitre je trace un cœur
Que la buée retient à peine
Le transistor hurle à la mort
Des airs à faire pendre un merle
Les enfants s'amusent dehors
Dans la sloche un collier de perles

Au hasard j'ouvre le journal
Crime passionnel rue Lacordaire
Paraît qu'ça va d'plus en plus mal
Pour les mangeurs de pommes de terre
Paraît aussi qu'le Président
S'amuse à jouer à la roulette
Entre deux annonces, à la page cent
Avec c'qui reste de la planète

Moi je m'en viens à mon piano
Je trouve cet air de ma grand-mère
Et pour les mots je mets l'phono
De mon p'tit matin solitaire
Dommage que ce soit si gris
J'aurais voulu dire autre chose
Faudrait recommencer la vie
Avant de rechanter les roses
Avant de rechanter les roses

1973

PLACE T'IEN AN MEN*

En roulant, elle m'est venue comme ça, tiens : « J't'ai vu à la télé place T'ien an men. » Ça, c'est un départ, il y a quelque chose, parce que je me sentais un peu mal à l'aise émotivement devant ce qui s'était passé et qui, tout à coup, disparaissait de la télé parce que ce n'était plus de l'actualité. Moi, j'avais reçu ça comme quelque chose de très personnel. Je crois que beaucoup de gens ont éprouvé ces événements-là d'une façon personnelle.

On a une conscience des droits de l'homme qui est certainement plus aiguisée en cette fin de XXe siècle qu'elle ne l'était il y a une vingtaine d'années, ça, c'est clair. Comme dirait Clémence : « Je l'ai pris personnel ! » Donc, il ne s'agit pas d'une chanson engagée, enfin, ça ne dérange pas du tout. Ma sécurité n'est pas menacée quand j'écris une chanson comme ça. Mais je crois qu'il est très important de faire écho à ce qui s'est passé là. Et de dire à ces gens-là, d'une façon ou d'une autre : message reçu ! C'est souvent les échos en Occident d'événements comme celui-là qui ont fait lentement changer les choses. Ce qu'on observe d'ailleurs présentement, un petit peu partout dans le monde.

J' t'ai vu à la télé place T'ien an men
Pantomime égaré devant les chars d'assaut
Ils avançaient vers toi place T'ien an men
Mais toi, tu continuais tes grands gestes d'oiseau
Soudain tout a stoppé place T'ien an men
Des tourelles un à un sont sortis les soldats
Tu montais les saluer place T'ien an men
C'était pour la tendresse un premier coup d'État
Un premier coup d'État

* Musique de Vic Angelillo.

On vous a laissés jouer place T'ien an men
Tout le temps qu'il fallait pour vous prendre en photo
Filmés, fichés, fichus place T'ien an men
Comme à Prague autrefois ou comme à Santiago
Vous étiez tous piégés place T'ien an men
Quand la fête d'un coup est devenue l'abattoir
C'est comme partout ailleurs place T'ien an men
Du moment qu'il s'agit de massacrer l'espoir
De massacrer l'espoir

Et puis tout s'est brouillé place T'ien an men
Il paraît qu'on t'a pris, mis à mort sur-le-champ
Pour entrave à la paix place T'ien an men
Et qu'on a facturé la balle à tes parents
Aujourd'hui l'ordre règne place T'ien an men
Y a plus d'crottes de pigeon su'l'mausolée d'Mao
Mais pour moi désormais place T'ien an men
C'est ta danse à jamais devant les chars d'assaut
Devant les chars d'assaut

Aujourd'hui l'ordre règne place T'ien an men
Y a plus d'crottes de pigeon su' l'mausolée d'Mao
Mais pour moi désormais place T'ien an men
C'est ta danse à jamais devant les chars d'assaut
Devant les chars d'assaut

1989

LA PLUIE AU VENT…

La pluie au vent qui se répand
Est mon rire qui pleure d'elle
S'en sont allées les hirondelles
Au temps qui rit au temps qui ment

La pluie au vent me souvient d'elle

Les doigts mouillés des arbres nus
Sont mes mains vides qui se tendent
Oh ! la douleur que le froid scande
À ma fenêtre en cris pointus

Les doigts mouillés de mon offrande

Vous qui passez sur le chemin
Où ses pas sont des feuilles mortes
Ne cherchez pas ce que transporte
Ce filet de boue et de rien

Vous qui passez devant sa porte

À bâtir de fausses saisons
On cueille fleurs d'indifférence
Et chaque instant de son silence
Évoque l'eau des jours sans fond

À bâtir les murs de l'absence

Séchez les rues et les trottoirs
Que s'efface la trace d'elle
Sont revenues les hirondelles
Blessées, mourir en ce miroir

La pluie qui n'est plus me meurt d'elle

1963

LE PLUS BEAU MÉTIER

Comme j'avais écrit cette chanson pour des interprètes du concours *Ma première Place des Arts*, je me souviens que je n'avais pas le droit de la chanter, de l'interpréter en public. La première fois que je l'ai interprétée, j'avais une forme de trac, parce que, quand on est auteur-compositeur-interprète, il peut arriver, c'est mon cas, de se sentir peut-être plus auteur et compositeur qu'interprète.

Moi si j'avais le choix je deviendrais facteur
Y a pas plus beau métier que de porter des lettres
Des quatre coins du monde aux quatre coins du cœur
En valsant chaque jour sur quelques kilomètres

Y a pas plus beau métier mais te voilà chanteur
T'as voulu faire l'artiste pourquoi chercher ailleurs

Moi si j'avais le choix je deviendrais docteur
Y a pas plus beau métier que panser les blessures
Le plus souvent des corps mais quelquefois des cœurs
Et peut-être guérir même si c'est jamais sûr

Y a pas plus beau métier mais te voilà chanteur
T'as voulu faire l'artiste pourquoi chercher ailleurs

Moi si j'avais le choix je serais professeur
Y a pas plus beau métier qu'interroger la vie
Avec une craie blanche et des classes en couleurs
Et joliment douter pour quelques yeux ravis

Y a pas plus beau métier mais te voilà chanteur
T'as voulu faire l'artiste pourquoi chercher ailleurs

Si l'on avait le choix lui répondent en chœur
Le facteur le docteur et le maître d'école
Ce soir même ici même on deviendrait chanteur
Y a pas plus beau métier que de tenir parole

Y a pas plus beau métier réplique le chanteur
À condition tout'fois de n'pas rester chômeur

Y a pas plus beau métier que celui de chanter
Y a pas plus beau métier
Y a pas plus beau métier

1997

POUR ME SOUVENIR

Pour me souvenir de neige et de vent
Mon âme poudreuse
A vêtu mes mots d'un doux givre
Avant d'éteindre veilleuse
Je veux vous léguer comme en testament
Ma chanson frileuse

Ne me parlez point des saisons d'ailleurs
De leurs mensonges
Je sais près d'ici le feu qui se meurt
Et le froid qui ronge
Mon amour pendu de fer et de peur
Aux glaçons du songe

Nos palais de glace et nos pelles d'or
Ont jeté les masques
Et que reste-t-il quand le frimas mort
Des rires fantasques
Une voix d'enfant qui appelle encore
Parmi les bourrasques

Nous avons brisé le trop bleu cristal
De nos stratagèmes
L'amour fait la guerre et la mort le bal
Quand dans la nuit même
La lune n'est plus que néon banal
Dites-moi qui j'aime

Sous la glace au loin des étangs gelés
Dorment les mémoires
De tous les instants mort-nés en allés
Et les eaux sont noires
Où je viens encore espérer d'aimer
Avant que d'y boire

1963

PRÉSENCE

J'ai voulu mesurer le poids de ta présence
Et je n'ai rien trouvé que quatre éternités
J'ai voulu regarder plus loin que le silence
Et j'ai trouvé ton nom au cœur de mon baiser
Quand finira le temps de cette longue absence
Quand je te reverrai après les mois d'hiver
Quand les murs tomberont devant nos espérances
Nous partirons tous deux loin des pays de fer

J'ornerai mon frêle navire
De laurier et de romarin
À pleine cale de sourire
À plein pont de chants de ma main
Et nous rirons de joie profonde
Riches de peine et de douleur
De jeunes fées aux nattes blondes
Nous laveront de nos sueurs

Enfin viendront les aubes blanches
Et les chansons des violons
De vieux bergers tout en dimanche
Te porteront de blancs moutons
Pareils à des feuilles légères
Dansant dessus le mur du temps
Nous glisserons sur les rivières
Jusqu'aux portes du printemps

J'ai voulu mesurer le poids de ta présence
Et je n'ai rien trouvé que quatre éternités...

1962

LE PROFESSEUR

Il y eut, un jour, un professeur visiblement très savant, tellement savant que personne ou presque ne comprenait ses cours. J'ai eu la chance, que dis-je, l'honneur d'assister à trois de ses cours. C'était en masse, comme on dit ! Je n'ai pas pu supporter le quatrième et, pendant le troisième, que je pouvais d'ailleurs difficilement supporter, j'ai écrit une chanson. Je l'ai appelée « Le professeur » et elle portait sur le monsieur en question. La seule différence entre la réalité et la fiction, c'est que, dans la fiction, c'est-à-dire dans ma chanson, pour ajouter à la dignité tragique de l'affaire, vous savez, j'ai fait mourir le bonhomme à la fin. C'est toujours comme ça dans les histoires. Mais soyez sans inquiétude, il est encore vivant, il enseigne encore.

C'était un professeur notoire
C'était un illustre savant
Un de ceux qui sont loin devant
Oyez sa dramatique histoire
Il avait l'air bien ordinaire
Il avait l'air bien comme il faut
Hélas ! son funeste défaut
Fut l'excès de vocabulaire
Fut l'excès de vocabulaire

Dans les régions très rarissimes
Du dictionnaire il s'engageait
Sublime alpiniste atteignait
Infailliblement seul les cimes
Entre deux mots choisir le moindre
N'était point sa spécialité
Or nos plus nobles facultés
N'arrivaient point à le rejoindre
N'arrivaient point à le rejoindre

Dans sa montée vertigineuse
Ses mots lui servaient de crampons
De cordes de paliers de ponts
Lui plus léger qu'une danseuse
Il en avait de toutes mines
Il en avait de tout aspect
Parfois même il en inventait
Nos crayons en cassaient leur mine
Nos crayons en cassaient leur mine

Notre homme au sommet de sa flamme
Avançait semble-t-il un nom
Mais de telles complications
Qu'il l'avala puis rendit l'âme
Si son nom n'est pas dans les livres
C'est qu'il ne fut jamais compris
Hélas ! sur son épitaphe on lit
La mort de ses mots le délivre
La mort de ces mots nous délivre

1964

PROGRAMME DOUBLE

Les comptes s'empilent su'l'frigidaire
Rapport au gel de mon salaire
Le gel des prix – on a compris
En attendant on est mal pris
Ça fait deux mois qu'on est rivés
Comme deux rivets d'vant la tévé
À soir on sort, on va aux vues
Mets donc ta belle grand' jupe fendue

Un programme double, qu'est-ce que t'en dis
Une vue d'amour, une vue d'bandits
Un programme double, y a rien comme ça
Pour oublier tout c'qui va pas

La première fois, t'en souviens-tu
Au Victoria qu'existe plus
Juste à s'toucher le bout des mains
On s'sentait mal, on s'sentait bien
On f'ra comme ça ou à peu près
P't-être un peu plus, et pis après
Si t'es pas trop pressée pressée
On ira manger chez Harvey's

Un programme double, qu'est-ce que t'en dis
Ça donne la faim quatre heures assis
Un programme double, y a rien comme ça
Pour oublier tout c'qui va pas

Et pis après on va rentrer
En essayant d'pas réveiller
Les p'tits qui dorment sans rien savoir
Des jeux qu'on joue quand y fait noir

Un programme double, qu'est-ce que t'en dis
Juste toi et moi et toute la nuit
Un programme double, y a rien comme ça
Pour oublier tout c'qui va pas

1976

QUAND JE PENSE

Quand je pense aux enfants qui naissent
Et qui seront notre jeunesse
Quand nous aurons les cheveux gris
Je pense aux miens je pense aux vôtres
Et j'imagine aussi les autres
J'entends leurs rondes et leurs cris
Ceux de l'Inde et de l'Amérique
Ceux de la Chine et de l'Afrique
Je pense plus spécialement
À ceux qui jouent dans les cratères
Que les obus font dans la terre
Quand ils ne sont pas morts dedans

Je me demande
Dans quel monde ils vivront

Ce n'est pas pour eux que je chante
Leur innocence est trop touchante
Ils n'ont que faire de mes mots
C'est vous c'est moi que j'interroge
C'est la part de nous qui déroge
À leurs regards qui sont si beaux
Si confiants qu'ils nous interpellent
Si espérants qu'ils nous appellent
Quand nos espoirs tournent en rond
Quand nous leur enseignons des routes
Dont nous connaissons la déroute
Et je pense qu'ils le sauront

Je me demande
Dans quel monde ils vivront

Je n'accuse rien ni personne
Mais leurs rires dans moi résonnent
Plus forts que toutes nos raisons
Tous nos canons tous nos systèmes
Tous nos slogans tous nos grands thèmes
Et je dis qu'ils refuseront
Ce monde triste que nous sommes
Où pour avoir leur pain les hommes
N'ont qu'à se tenir à genoux
À moins qu'avant vienne la bombe
À moins que nous creusions leurs tombes
À moins qu'ils soient pareils à nous

Mais je demande
Dans quel monde ils vivront
Je dis bien ils vivront
Sinon
À quoi bon

1966

QUAND LE SAXO...

Quand le saxo
Se met à souffler sur ta peau
Quand le vent
De son chant bluesé
Sur ton ventre
Vient jazzer

Quand le ténor
Chauffe à te faire perdre le nord
Quand tout fond
Et que se dérobent
Les boutons
De ta robe

Y a d'autres notes
Qui pianotent
En toi
Un pas de deux
Au bout de
Tes doigts

Et le saxo
En remet encore vibrato
Te voilà
Noyée presque nue
Jusqu'à la
Joie venue

1998

QUAND MÊME

Parfois trop tôt souvent trop tard
Nos montres n'ont pas la même heure
Nos amis ne sont que départ
Et nos amours vont sans demeure
Toutes ces voix qu'on n'entend pas
Ces pas qu'il aurait fallu suivre
Être fidèle et n'être pas
Mais dites-moi qu'est-ce que vivre

Quand même
Quand même
Comme je voudrais ce soir
Briser ce noir avec mes poings
Mais ce ne sont rien que deux mains
Quand même
Comme je voudrais ce soir
Boire mon amour comme une ciguë
Qui serait un volcan d'espoir
Quand même

Parfois trop loin souvent trop près
Il est court le temps qu'on se frôle
Et les carrefours que l'on voudrait
Ne sont pas inscrits dans nos rôles
Tous les chemins sont-ils bloqués
Faut-il en croire le journal
J'échangerais bien pour un quai
Ce micro et tout l'arsenal

Quand même
Quand même
Comme je voudrais ce soir
Serrer la vie contre mon corps
Jusqu'à ne plus savoir la mort
Quand même
Et ne plus avoir honte
Car dans les mots que je raconte
C'est un enfant qu'il faudrait voir
Quand même

1969

QUAND NOUS AURONS GAGNÉ LA MER

Quand nous aurons gagné la mer
Quand nous aurons reconnu la maison
Où nos amours intérimaires
Au grand soleil enfin s'éclateront
Quand nous n'aurons rien d'autre à faire
Que de laisser le jour éclabousser le lit
Que de laisser la nuit nous prendre en plein midi

Tu n'auras rien sous ta chemise
Rien que ma peur et ta peau
Que ta jeunesse jamais soumise
Et puis mes yeux sans repos
Mais rien, rien sous ta dentelle
Rien que ton ventre et tes seins
Petits oiseaux rebelles
Tout chauds venus poser leurs ailes
Entre mes mains

Quand nous aurons gagné le soir
Derniers marcheurs de la morte-saison
Quand nous aurons la même histoire
Les mêmes mots pour la même chanson
Il fera doux à n'y pas croire
Et nous serons la soif et nous serons la faim
Chacun de l'autre infiniment jusqu'à la fin

Tu n'auras rien sous ta chemise
Rien que ma peur et ta peau
Que ta jeunesse jamais soumise
Et puis mes yeux sans repos
Mais rien, rien sous ta dentelle
Rien que ton ventre et tes seins
Petits oiseaux rebelles
Tout chauds venus poser leurs ailes
Entre mes mains

Quand nous aurons gagné la mer…
Où nos amours intérimaires
Au grand soleil enfin s'éclateront

1985

LA QUARANTAINE*

T'avais fière allure
Tu brisais les cœurs
T'avais ton armure
Pour sécher les pleurs
Sous ta carapace
T'as crâné longtemps
Tu jouais les coriaces
Et les conquérants

Mais la quarantaine
T'as pris en défaut
Y'a moins de fredaines
Et plus de kilos
Mais la belle vie
T'as pris au détour
En flagrant délit
De compte à rebours

T'avais fière allure
T'avais tout vécu
Et tes aventures
On les comptait plus
T'avais les voyages
T'avais les amis
T'avais jamais l'âge
Tout t'était permis

* Paroles françaises d'un texte de Roberto Medile.
Musique : Roberto Medile.
Roberto Medile, *Je pense à vous*, PGC-908, CD, 1989.

Et tes habitudes
Ont pris le parti
De ta solitude
Et de ton ennui
Dans ton condo vide
Désormais le soir
Il pousse des rides
À ton vieux miroir

Et la quarantaine…

6-7 juin 1988

QUÉBEC

Un escalier une île au loin
Le souffle est court mais ça fait rien
Un peu de sport ça fait du bien... Québec
Vieux toits dentelle des pavés
Silencieuses cheminées
Parmi les antenn's de télé... Avec
Les rues en rond c'est de l'excès
Changent de nom c'est par exprès
Pour le touriste étourdi c'est... Du grec
Mais pour nous c'est l'quartier latin
C'est notre cœur qui pousse un brin... Québec

Méd'cin facteur ou vieux curé
Fonctionnaire au cœur en fichier
Tu peux bien faire tous les métiers... Québec
Mais ta meilleure occupation
À part bien sûr l'qu'en-dira-t-on
C'est de flâner pour gagner ton... Bifteck
Mais ne sois pas aussi distrait
Pendant que tu rêves en secret
Y'a des gens qui préparent tes... Obsèques
Avec la mer au bout des doigts
Tu ne fais pas tout c'que tu dois... Québec

Vieille madame aux yeux mouillés
Sous tes faux murs mal maquillés
Comme tu t'es mal endeuillée... Québec
Les fleurs qu'on jette à tes balcons
Sont plus des lys mais des néons
Qui ont un drôle de jargon... Kwibec
Pourtant du côté où le loup
Wolfe s'est fait couper le cou
La langue française a des atouts... Dans l'bec
America's oldest cité
Faut changer ta publicité... Québec

Vois sur la tour du parlement
Comme le temps va lentement
Mais c'est parfois le temps qui ment... Québec
Vieille Capitale sans capitaux
Même si tu t' balades en auto
Ton réservoir sera bientôt... À sec
On peut bien faire des prévisions
Jusqu'à te donner des visions
Ça fait un tas de prévisions... Sans chèque
Pourtant du haut du cap Diamant
Tu pourras faire tourner le vent... Québec

Cent escaliers cent îles au loin
Le temps est court mais ça fait rien
Un peu de sport ça t' f'rait du bien... Québec

1964

QUELQUE PART DANS UN BAR

Quelque part dans un bar
D'une ville anonyme
Un homme est seul
Il fixe vaguement son verre
Qu'il ne boit pas

Plus au fond dans le bar
Une femme très belle
Est assise aussi seule que l'homme
Et fume lentement

C'est peut-être Tristan
Et c'est peut-être Iseult
Ils ont tellement l'air
D'un air inachevé
L'air d'une ancienne histoire
Qui veut recommencer
D'un destin sans hasard
Où tout peut arriver

Quelque part dans un bar
D'une ville anonyme
Un homme est seul
Il vide vitement son verre
Et puis s'en va

Plus au fond dans le bar
Une femme très belle
Est assise et refait son rouge
Distraitement
Et reste là

1979

QUELQUE PART UN ENFANT

Il y a quelque part un enfant qui m'appelle
Il y a quelque part un enfant
Au Brésil, au Sahel ou bien dans ma ruelle
Il y a quelque part un enfant
C'est un enfant de moi que je ne connais pas
Mais j'entends quelque part qu'il a faim
Est-ce le vin joli de nos joyeux repas
Je l'entends dans mon ventre qui me tend la main
Je l'entends qui me tend la main

Il y a quelque part un enfant que j'oublie
Il y a quelque part un enfant
Qu'il soit en Palestine ou qu'il soit près d'ici
Il y a quelque part un enfant
C'est un enfant de moi que je ne connais pas
Mais je sais qu'il exige de l'eau
Est-ce le vin joli de nos joyeux repas
Je le vois dans mon ventre et je le trouve beau
Je le vois et je le trouve beau

Il y a quelque part un enfant qui m'attend
Il y a quelque part un enfant
Qu'il soit de Soweto, qu'il soit noir, jaune ou blanc
Il y a quelque part un enfant
C'est un enfant de moi que je ne connais pas
Mais je sais qu'il veut pas de cadeaux
Est-ce le vin joli de nos joyeux repas
Je le sens dans mon ventre avec son couteau
Je le sens avec son couteau

Il y a quelque part un enfant qui m'appelle
Il y a quelque part un enfant
Au Brésil, au Sahel ou bien dans ma ruelle
Il y a quelque part un enfant
Il y a quelque part un enfant
Il y a quelque part un enfant

1989

QUELQUES JOURS DE VACANCES*

Quand ça fait quinze ans qu'on s'aime
C'est fatal, on oublie
Les mots doux et les poèmes
Le café au lait au lit
Quand les peurs que l'on partage
De moins en moins souvent
Appartiennent davantage
À l'ami qu'à l'amant

Quelques jours de vacances
Toute seule avec toi
Quelques jours d'insouciance
De soleil et d'émoi
Un parfum de romance
Qui nous prend par la main
Ça f'rait tellement de bien
Quelques jours de vacances
Quelques jours de vacances
Toute seule avec toi

* Chanson écrite pour Danielle Oddera.
Danielle Oddera, *L'amour tendre*, PGC-907, CD, 1989.

Quand on a la même adresse
Mais si peu rendez-vous
Qu'on a gagné la tendresse
Aux dépens de l'amour fou
Quand les fleurs que l'on espère
Se gaspillent au hasard
Entre deux anniversaires
Il n'est jamais trop tard

Quelques jours de vacances...

15-30 septembre 1988

QU'EST-CE QU'ON A FAIT DE NOS RÊVES ?

On rêvait de changer le monde
Est-ce le monde qui nous a changés
L'espoir qu'on semait à la ronde
Aujourd'hui nous semble étranger
On défilait pas toujours sages
En entonnant « Le déserteur »
Se peut-il qu'en prenant de l'âge
On déserte son propre cœur
On déserte son propre cœur

En échange de quelques roses
Offertes aux canons des fusils
On croyait que l'ordre des choses
Allait se mettre en fleurs aussi
On rêvait de changer la vie
Et de tout reprendre à zéro
Ça nous a donné la Bosnie
Et les amants de Sarajevo
Et les amants de Sarajevo

Mais
Qu'est-ce qu'on a fait de nos rêves
Les rêves de nos vingt ans
Qu'est-ce qu'on a fait de nos rêves
Même trop fous, même trop grands
Les rêves, les rêves
Les rêves de nos vingt ans
Les rêves, les rêves
Les rêves de nos vingt ans

On rêvait d'un peu d'équilibre
Entre les pauvres et les nantis
Mais désormais pour être libre
Il faut la cote de crédit
Désormais partout sur la Terre
Bourgeois et prolétaires unis
N'ont plus qu'un hymne planétaire
L'internationale du Pepsi
L'internationale du Pepsi

Qu'est-ce qu'on a fait de nos rêves
Les rêves de nos vingt ans
Qu'est-ce qu'on a fait de nos rêves
Même trop fous, même trop grands
Les rêves, les rêves
Les rêves de nos vingt ans
Les rêves, les rêves
Les rêves de nos vingt ans

On rêvait aussi d'une terre
D'un pays qu'on croyait à nous
Mais y avait trop d'propriétaires
Sorry thank you – excusez-nous
Sur IBM ou Macintosh
Ces choses-là n'ont que peu de poids
Alors c'est au plus fort la poche
Sauve qui peut et chacun pour soi
Sauve qui peut et chacun pour soi

Mais
Qu'est-ce qu'on a fait de nos rêves
Les rêves de nos vingt ans
Qu'est-ce qu'on a fait de nos rêves
Même trop fous, même trop grands
Les rêves, les rêves
Les rêves de nos vingt ans
Les rêves, les rêves
Les rêves de nos vingt ans

1993

QUI SAURA JAMAIS

Mais qui saura jamais le poids de nos chansons
Mais qui saura jamais qu'elles n'auraient pas de voix
Sans toi
Qu'elles n'auraient pas de mots, qu'elles n'auraient pas
de sons
Si tu n'étais pas là fidèle chaque fois

Mais qui saura jamais comme elles sont la chair même
De l'amour déliré que l'on vit tous les deux
Heureux
Comme deux enfants fous s'amusant au carême
Contre un pays sans joie, confortable et peureux

Mais qui saura jamais le poids de ces années
Toi seule parmi tous à me savoir tout seul
Sur des disques inventés, des shows imaginés
Toi seule près du lit déchirant les linceuls

C'est un soir de première, de peur et de frissons
Et voici mon refrain comme à chacun son tour
Mais qui saura jamais le poids de nos chansons
Mais qui saura jamais le poids de nos amours

1976

LA RÈGLE DU JEU*

La règle du jeu, c'est qu'il n'y en a pas
Le terrain, c'est la coulisse
Les anciens enfants qui s'amusent là
Sont tous plus ou moins complices
Certains jouent les bons, d'autres les méchants
La pièce n'est jamais très drôle
Et pour y voir clair il faudrait souvent
Savoir inverser les rôles

La règle du jeu, c'est qu'il n'y en a pas
Et dès que l'on joue l'on triche
Mais bizarrement ceux qu'on ne prend pas
Ne sont jamais les moins riches
C'est pas compliqué pour être invité
À la barre des parjures
Il suffit de dire toute la vérité
Bien entendu je le jure

La règle du jeu, c'est qu'il n'y en a pas
Tout s'est tramé sous la table
Ce qu'on en a su n'est qu'un cinéma
Trafiqué par les coupables
Quant aux innocents ne les cherchez plus
Ils se taisent ou sont sous terre
L'affaire est classée, le jugement lu
Prenez garde à vos colères

1980

* Chanson-titre de la pièce *L'enquête* de Guy Dubé et Frank Fontaine.

RIEN À DÉCLARER

Qu'avez-vous rapporté
Demande le douanier
Rien que des cigarettes
Lui répond le poète
Les parfums d'un corsage
Effleuré en chemin
Et toujours de passage
Quelques amis lointains

– Rien d'autre à déclarer ?
– Non, rien d'autre.
– Pas de souvenirs ?
– Non, pas de souvenirs...

Qu'avez-vous rapporté
Demande le douanier
Rien qu'un litre de vin
Répond le musicien
Des oublis, des silences
Des lettres jamais lues
Et trop peu d'innocence
Pour tout le temps perdu

– Rien d'autre à déclarer ?
– Non, rien d'autre.
– Pas de souvenirs ?
– Non, pas de souvenirs...

Qu'avez-vous rapporté
Demande le douanier
Le plaisir d'être heureuse
Lui répond l'amoureuse
Un soi-disant poète
Qui se croit musicien
Avec ses cigarettes
Et son litre de vin

– Rien d'autre à déclarer ?
– Non, rien d'autre.
– Pas de souvenirs ?
– Non, pas de souvenirs...

Rien à déclarer !

1982

RIEN QU'UNE CHANCE*

Ça fait plus de vingt fois, monsieur le directeur
Que je viens proposer mes nouvelles chansons
Ça fait plus de vingt fois que vous regardez l'heure
Que vous me dites non

Bien sûr vous n'avez pas chaque fois le même visage
Mais vous avez chacun les mêmes faux-fuyants
« Vos chansons sont jolies, mais vous manquez d'image
Surtout ne lâchez pas, vous avez du talent »

Je veux rien qu'une chance
C'est celle de chanter
Je veux rien qu'une chance
Qu'on m'a jamais donnée
Même si c'est la dernière
Sachez qu'au moins pour moi
Ça sera la première
Ma première chance à moi

Bien sûr vous prenez soin de pas fermer les portes
Pour le cas où le vent se mettrait à tourner
Vous n'êtes jamais bien loin le jour où ça rapporte
Sans jamais rien risquer

Ça fait plus de vingt fois, monsieur le directeur
J'ai peur que la prochaine ne soit la fois de trop
Je sais depuis longtemps que le métier d' chanteur
C'est d'entendre dire merde plus souvent que bravo

* Chanson écrite pour Roberto Medile.
Roberto Medile, *Je pense à vous*, PGC-908, CD, 1989.

Je veux rien qu'une chance
C'est celle de chanter
Je veux rien qu'une chance
Qu'on m'a jamais donnée
Même si c'est la dernière
Sachez qu'au moins pour moi
Ça sera la première
Ma première chance à moi

8-9 juin 1988

ROCK, BANANA-SPLIT ET CRÈME-SODA

C'était le temps des crinolines
Et des chaperons dans la cuisine
De la tévé en noir et blanc
J'avais quinze ans
Cours de latin, cours de philo
Courses en patins, Victor Hugo
Café du coin, quarante-cinq tours
Premier amour

Rock, banana-split et crème-soda
J't'emmène aux vues – moman veut pas...
Rock, banana-split et crème-soda
En attendant, on s'écrira

Changer d'horaire, changer de rue
Juste pour la voir sans être vu
Une photo d'elle dans le missel
Péché véniel
Retraite fermée, résolutions
Absolution sans contrition
Le tour de l'île dans une Edsel
Péché mortel

Rock, banana-split et crème-soda
Promis, juré, on fera pus ça
Rock, banana-split et crème-soda
On laisse passer deux ou trois mois

J'me sens tout seul, j'ai des boutons
Peut-être même la vocation
J'comprends pus rien aux dérivées
Je suis tilté
Comme une craie sur le tableau
On a cassé au dernier slow
Dernier frisson, dernier *french kiss*
Dernier Elvis

Rock, banana-split et crème-soda
J'ai jamais plus commandé ça
Rock, banana-split et crème-soda
Y a des parfums qu'on n'oublie pas...

1983

LA SAMBA SANS RAISON

Ce n'est rien
Rien qu'une petite chanson
Qui n'est là que pour le frisson
D'avoir la samba dans les hanches

Je sais bien
Que ce n'est pas là ma façon
Mais sur mon piano sans raison
Aujourd'hui c'est dimanche

Les paroles sont en congé
Et moi je me sens léger
Il fait beau dedans comme dehors
De grands soleils battent dans mon corps

Je sais bien
Que les sambas sont démodées
Mais là-dessus j'ai mon idée
C'est que les cons ne le seront jamais

C'est que les cons ne le seront jamais

septembre 1971

SUR LA RUE DES REGARDS PERDUS*

Sur la rue des regards perdus
À tout hasard mes mots s'en vont
Tu ne les as pas reconnus
Printemps venant ils reviendront

J'y mets souvent le mot *renaître*
À cause d'un petit bouquet
Qui fleurit près de ta fenêtre
Et dont j'ai cru parfois connaître
Qu'un peu de toi s'y parfumait

Sur la rue des regards perdus
À tout hasard mes mots s'en vont
Tu ne les as pas reconnus
Printemps venant ils reviendront

J'y mets aussi le mot *septembre*
À cause d'un après-midi
Sous le ciel versant de ta chambre
Souviens-toi de ces couleurs d'ambre
Entre les rideaux et le lit

Sur la rue des regards perdus
À tout hasard mes mots s'en vont
Tu ne les as pas reconnus
Printemps venant ils reviendront

* Musique d'Henri Hamel.

Le mot *demain* y vagabonde
C'est un soleil nu sur ta peau
Qui voyage à l'envers du monde
Sous un volcan caché qui gronde
Miroir de l'œil miroir de l'eau

Sur la rue des regards perdus
À tout hasard mes mots s'en vont
Tu ne les as pas reconnus
Printemps venant ils reviendront
Printemps venant les verras-tu

1973

SUR MON PIANO*

C'est un air d'autrefois
Qui revient quelquefois
Nostalgique et mélo
Flâner comme ça du bout des doigts
Sur mon piano

Un air en noir et blanc
Comme les films d'antan
Où tout nous semblait beau
Un air qui rejoue nos vingt ans
Sur mon piano

C'est plein d'bémols
Et d'bons sentiments
Ça sent l'alcool
Et les faux sentiments
Mais sur la piste où flotte un faux brouillard
Il y a le vrai départ

Puis il y a les gendarmes
Trop tard, Humphrey Bogart
Rallume son mégot
Et les larmes d'Ingrid Bergman
Sur mon piano

11 février 1992

* Version française de « As Time Goes By » pour Danielle Oddera. Musique de Herman Hupfeld (1931).

TAPE TON PAS, DOMPTE TON PIED*

Tape, tape ton pas
Dompte, dompte ton pied
Tape, tape ton pas
Mais lâche lousse ton soulier

C'est à petits pas
Que la vie commence
C'est à petits pas
Que l'on fait ses premiers pas
C'est à petits pas
Qu'à son tour on entre dans la danse
Comme l'on en sort
Au dernier temps de la coda

Tape, tape ton pas
Dompte, dompte ton pied
Tape, tape ton pas
Mais lâche lousse ton soulier

Méfie-toi des pas
Qui passent en cadence
Et qui n'aiment pas
Que tu ne marches pas au pas
Méfie-toi des pas
Qui se prennent pour la providence
C'est jamais le pied
Qu'il faut pour danser la samba

* Musique d'Alain Lamontagne et Sylvain Lelièvre. Chanson créée au Théâtre de la Ville à Paris.

Tape, tape ton pas
Dompte, dompte ton pied
Tape, tape ton pas
Mais lâche lousse ton soulier

Les plus jolis pas
Sont ceux de l'errance
C'est les premiers pas
Les pas perdus, les faux pas
C'est faire les cent pas
Sur le pas de porte de la chance
C'est se mettre à deux
Carrément les pieds dans les plats

Tape, tape ton pas
Dompte, dompte ton pied
Tape, tape ton pas
Mais lâche lousse ton soulier

1984

LE TEMPS DE NOUS AIMER

Il est un temps de joie il est un temps de peine
Il est un mois d'octobre il est un mois de mai
Il est un seul dimanche et six jours de semaine
Mais c'est toujours ma mie le temps de nous aimer

L'hiver n'est pas plus froid que n'est froid le silence
Il n'est pas plus amer que ces larmes de toi
La neige bat la vitre et c'est sans importance
La neige bat nos cœurs pourquoi fait-il si froid

Il est un temps de joie il est un temps de peine
Il est un mois d'octobre il est un mois de mai
Il est un seul dimanche et six jours de semaine
Mais c'est toujours ma mie le temps de nous aimer

Ne ferme pas les yeux ne ferme pas la porte
Écoute encore un peu les mots de ma chanson
Il peut encore neiger cent mille ans que m'importe
Si tu n'étais plus là je serais sans raison

Il est un temps de joie il est un temps de peine
Il est un mois d'octobre il est un mois de mai
Il est un seul dimanche et six jours de semaine
Mais c'est toujours ma mie le temps de nous aimer

Car nous avons marché si longtemps l'un vers l'autre
Ensemble nous avons traversé tant de jours
Il n'est point d'autre amour mon amour que le nôtre
Il n'est point d'autre vie que de s'aimer toujours

Il est un temps de joie il est un temps de peine
Il est un mois d'octobre il est un mois de mai
Il est un seul dimanche et six jours de semaine
Mais c'est toujours ma mie le temps de nous aimer

1966

LE TEMPS DES CHANSONS

Quand reviendra le temps des chansons
Quand nous aurons trouvé le refrain
Dont tous nos airs anciens n'étaient sans le savoir
Que les couplets égarés
Dans la neige

Quand reviendra le temps du printemps
Quand nous aurons rouvert le chemin
Dont tous nos pas perdus n'étaient sans le savoir
Que les balises égarées
Sous la neige

Alors nous ne parlerons plus
De ce pays de nos poèmes
Puisque nous serons devenus
Ce pays même
Mais je t'en prie n'attends pas trop
L'hiver a bousculé les roses
J'ai peur qu'il reste peu de chose
De ce jardin de jolis mots

Aussi n'attends pas le temps des chansons
Même si le temps s'annonce au printemps
C'est maintenant qu'on joue
Ce qu'il reste de nous
C'est maintenant le jour des gestes
Qu'aujourd'hui nous mène à demain
Et qu'il soit bâti de nos mains
Le refrain que nous chanterons
Quand reviendra le temps des chansons

1977

T'EN FAIS PAS, TU L'AURAS*

T'en fais pas, tu l'auras
Ton petit mouton de laine
Tu l'auras ton cinéma
Ta maman de fin d'semaine
Mais de grâce ne va plus
Chez mamie chiper des bières
Pour les vendre aux inconnus
C'est malin, mais c'est pas la manière

T'en fais pas, tu l'auras
Ton mois d'août près de la plage
Ton freezbee, ton rakima
Et tes glaces à la pistache
Mais promets de plus jamais
Me piquer mes cigarettes
T'as pas l'âge de fumer
Et demain, juré, moi je m'arrête

Si tu veux, on se loue
Un d'ces films d'épouvante
Si j'ai peur, tu me dis tout
Et tu prends ma main s'il vente
J'ai si peu, si peu de temps
Pour apprendre à jouer les pères
Et les mères en même temps
Serre-moi, ma biche buissonnière

* Chantée avec Catherine, sa fille.

Et si tu ne dors pas
Chante une berceuse
Chante une berceuse à ton papa

Catherine: T'en fais pas, tu l'auras
Ton petit mouton de laine
Tu l'auras ton cinéma
Ta maman de fin d'semaine
T'en fais pas, tu l'auras
Ton mois d'août près de la plage
Ton freezbee, ton rakima
Et tes glaces à la pistache

T'en fais pas...
Tu l'auras...

1985

TOI L'AMI

Voici une chanson que j'ai écrite à l'âge de 22 ans. C'était hier. Et qui ne m'a pas quitté depuis pour une raison très simple : il s'agit d'une chanson qui parle de vous.

Toi l'ami dont jamais je ne saurai le nom
Toi mon frère inconnu, toi ma sœur anonyme
Toi qui vis dans le noir, toi l'obscur compagnon
Toi pour qui tant de fois j'ai retourné ma rime
Toi qui es là ce soir, qui entends ma chanson
Toi même qui jamais ne l'entendras peut-être
Qu'importe mais toi dont je ne sais rien, sinon
Que nous vivrons tous deux sans jamais nous connaître

La vie a ses façons de nous départager
J'aimerais bien parfois te raconter des choses
Comme on le fait le soir quand on est fatigué
Quand on a sa journée, qu'on a le cœur morose
Nous pourrions simplement nous asseoir et jaser
En écoutant Félix ou Mozart ou Coltrane
Quelque part vers minuit on se ferait du café
La veillée serait longue et courte la semaine

C'est à notre amitié que je chante aujourd'hui
C'est au vin que jamais nous ne boirons ensemble
Je chante à l'impossible et j'en pleure à demi
Mais sache au moins ce soir combien je te ressemble
Mais sache au moins ce soir tout ce qui nous unit
Sache que nous faisons un peu le même ouvrage
Et qu'à tout prendre, au fond, malgré tout ce qu'on vit
Pareilles sont nos joies, pareilles sont nos rages

Mais que tombent ce soir nos murs et nos parois
Et que pour un moment le cours du temps s'arrête
Ce soir c'est notre fête, allez tu viens chez moi
C'est le temps de fumer toutes nos cigarettes
Je veux te dire au moins que je marche avec toi
Et que tu n'es pas seul malgré tant de silence
Que par-dessus les mers, les villes et les toits
Se rejoignent nos mains à force d'espérance

1965

TOI QUI PARS

Toi qui pars tous les matins
Ton p'tit destin à la main
Pour gagner l'pain quotidien
Toi qui te fais bousculer
Toi qui te fais engueuler
Toi qui te fais rapetisser
Les enfants à élever
Pas d'augmentation c't' année
Et les dettes à payer
Le logement qui est trop p'tit
Le bébé qui pleure la nuit
Et ta femme qui vieillit

Elle était si fraîche et belle
Son blanc corsage de dentelle
Et l'amour à perte d'aile
Mais la dentelle est fanée
Et le couteau des années
A blessé la douce fée
Déjà brûlée la tendresse
Et le temps de blanche ivresse
Pour demain : la vieillesse
C'est pourquoi le vendredi
Tu verses tes cheveux gris
Dans les verres de l'oubli

T'aurais pu être musicien
Ou poète ou comédien
Mais la vie t'a poussé ailleurs
Loin des sources, loin des fleurs
T'aurais parfois le goût d'partir
De vivre un peu avant d'mourir
Mais y a ceux-là qui t'aiment bien
Et qui auraient tant de chagrin

Et voilà ton aventure
Sans départ, sans déchirure
Mais la montée est si dure
Un regard à l'horizon
Enchaîné à ta prison
Et l'espoir de ce pardon
Peut-être que tes enfants
Une fois devenus grands
Bâtiront de meilleurs temps
C'est pourquoi tous les matins
Tu reprends ton p'tit destin
Comme hier et comme demain...

1964

TOMBOUCTOU

Quand je suis loin de toi
Je me sens loin de tout
Je me sens loin de moi
Je me sens moitié fou
Ça fait des mois, des mois
Que j'te cherche partout
Où es-tu, dis-le-moi
Où es-tu mon tilou

> Même sur la Huitième Rue
> Sans toi dans Limoilou
> Je suis aussi perdu
> Qu'tout nu dans Tombouctou

J'ai fait le tour du bloc
J'ai fait le tour du monde
De Thérèse à Bangkok
Pour demander ma blonde
Hier soir, Aboukir
Au snack-bar à Pitou
Tu venais de partir
Où es-tu mon tilou

> Même sur la Huitième Rue
> Sans toi dans Limoilou
> Je suis aussi perdu
> Qu'tout nu dans Tombouctou

J'ai fait parler les boules
J'ai fait parler les cartes
Mais là je perds la boule
Mais là je perds la carte
Because when you're away
Baby I feel so blue
J'parle anglais, j'vas troubler
Où es-tu mon tilou

Même sur la Huitième Rue
Sans toi dans Limoilou
Je suis aussi perdu
Qu'tout nu dans Tombouctou

Comme j'ai pas d'autres frissons
Je te mets en musique
Je te fais des chansons
Tendrement érotiques
Mais les *do* d'mon piano
Ça ne vaut rien du tout
À côté de ton dos
Où es-tu mon tilou

Même sur la Huitième Rue
Sans toi dans Limoilou
Je suis aussi perdu
Qu'tout nu dans Tombouctou

Juste revoir ta blouse
Ouverte sur tes seins
En écoutant du blues
Faire de petits dessins
Ma bouche sur ton corps
Tout partout, tout partout
J'espère que j'suis pas mort
Où es-tu mon tilou

Même sur la Huitième Rue
Sans toi dans Limoilou
Je suis aussi perdu
Qu'tout nu dans Tombouctou

1974

TON ÉPAULE M'ATTEND*

Je ne sais rien du paysage
Où nous transportera demain
J'aimerais qu'il fût une plage
Où tu me prendrais par la main
J'aimerais qu'il fût ton visage
Et la douceur de vivre autour
Mais je ne sais rien du voyage
Rien du chemin ni du retour

Je sais seulement que je t'aime
Et que le temps n'est qu'un détour

Je ne sais rien de la fenêtre
Que vont ouvrir nos yeux nouveaux
J'aimerais y voir apparaître
Sous un ciel plus tendre et plus beau
Ceux par qui nous saurions renaître
Les amis qui sont loin de nous
Mais au printemps comment connaître
Ce que prépare le mois d'août

Je sais seulement que je t'aime
Et que nous avons rendez-vous

* Chanson interprétée par Danielle Oddera.
Musique de Claude Léveillée.
Danielle Oddera, *Lettres sans adresse*, KD-940, 33 tours, 1978.

Je ne sais rien de ces mystères
Dont quelquefois j'aime à penser
Que nous serions moins solitaires
Si nous venions à les percer
J'aimerais tant que cette terre
Fût celle où dansent les enfants
Mais c'est naïf il faut le taire
Je ne sais rien de plus qu'avant

Je sais seulement que je t'aime
Et que ton épaule m'attend

1977

TÔT OU TARD

Cette chanson, il y en a qui la font jouer, il y en a qui ne la font pas jouer, c'est leur privilège. On me fait dire ceci par mon agent [dans cette chanson-là, il y a ces vers : « À force de bouffer nos excréments chimiques / Un jour les fruits de mer seront tous en plastique »] : « Le mot *excrément*, c'est trop dur, nos auditeurs n'aimeront pas ça, ils vont changer de poste, puis, comme t'es un poète, t'aurais dû trouver un autre mot que ça... »

Je dis non ! Précisément, c'est quoi le travail d'un écrivain, d'un poète ? C'est de trouver exactement le mot qui dérange, enfin... On va pas chercher les mots qui sont dans les journaux, tous les jours, des mots qui sont un tout petit peu banalisés. On cherche le mot qui va attirer l'attention. Si j'utilise le mot *déchet*, c'est fini, ça ne veut plus rien dire, les déchets.

À force d'avaler nos cheveux dans leur soupe
Un jour les bélugas couleront comme des chaloupes
Tôt ou tard
À force de bouffer nos excréments chimiques
Un jour les fruits de mer seront tous en plastique
Tôt ou tard
Et pour se rappeler comment c'était de l'eau
On se passera les films du commandant Cousteau
Ou alors simplement on se jouera « La mer »
« La mer qu'on voit danser le long des golfes clairs »

Tôt ou tard, tôt ou tard
Un jour il sera trop tard
Un jour il sera trop tard

À force de triper jour et nuit sur l'acide
Un jour les pluies d'été n'arroseront que le vide
Tôt ou tard
À force de gazer l'ozone et l'atmosphère
Un jour on finira par bâtir le désert
Tôt ou tard
Et pour se rappeler à quel point c'était beau
Y aura toujours les vers de l'« Aube » de Rimbaud
Sinon quelques photos de vacances aux Antilles
Rescapées par hasard d'un album de famille

Tôt ou tard, tôt ou tard
Un jour il sera trop tard
Un jour il sera trop tard

À force d'exploiter tout ce qui n'est pas nous
Qu'on pleure à la télé tant que c'est à genoux
Tôt ou tard
À force d'affirmer que nous sommes tous des frères
Du moment qu'on peut jouer au cow-boy nucléaire
Tôt ou tard
Un jour on entendra sur une autre planète
Dans l'immense dérive de l'heure et des comètes
Une chanson qui dira comment c'était joli
Ce caillou dans l'espace où s'ébattait la vie

Tôt ou tard, tôt ou tard
Un jour il sera trop tard
Un jour il sera trop tard

1988

TOURNE LA TERRE

Tournent la terre et les saisons
Rien n'est plus doux qu'être avec elle
L'amour m'est chaque jour nouvelle
Et l'amour c'est notre maison

C'est une voix dans la cuisine
C'est un pas dans le corridor
C'est le matin soleil qui dort
Sur le lit blanc où se dessine
La blanche chanson de son corps

Tournent la terre et les saisons
Rien n'est plus doux qu'être avec elle
L'amour m'est chaque jour nouvelle
Et l'amour c'est notre maison

C'est une main sur mon épaule
Et voilà mon livre fermé
Et voilà nos corps désarmés
Ce sont nos âmes qui se frôlent
En ce multiple mois de mai

Tournent la terre et les saisons
Rien n'est plus doux qu'être avec elle
L'amour m'est chaque jour nouvelle
Et l'amour c'est notre maison

Mon seul et terrible voyage
Je le mène au fond de ses yeux
Soudain que tout est merveilleux
La vie nous prend en mariage
La vie nous tresse deux par deux

Tournent la terre et les saisons
Rien n'est plus doux qu'être avec elle
L'amour m'est chaque jour nouvelle
Et l'amour c'est notre maison

Et l'amour c'est notre chanson

mai 1965

TOUT ÇA POUR TROMPER L'ENNUI

Elle a des rêves adolescents
De princesse au bois dormant
Mais à trente ans, elle a pas l'temps
D'attendre cent ans
Et le soir quand elle sort danser
Elle abandonne au hasard
Le choix du prince et du baiser
Dans les sous-bois des bars

Tout ça pour tromper l'ennui
Tout ça pour tromper la peur
Tout ça pour pas rester toute seule la nuit
À voir passer les heures

De Marilyn à Madonna
Elle cherche un look qu'elle a pas
Elle se trouve toujours moins jolie
Que toutes ses amies
L'amour c'est comme en auto sport
C'est pas la peine de monter
Si t'as pas l'goût d'frôler la mort
Si t'as pas l'goût d'risquer

Tout ça pour tromper l'ennui
Tout ça pour tromper la peur
Tout ça pour pas rester toute seule la nuit
À voir passer les heures

Tout ça pour un appartement
Qui n'a pas d'sens autrement
Tout ça pour contourner l'habitude
Pour pas la solitude

Tout ça pour tromper l'ennui
Tout ça pour tromper la peur
Tout ça pour pas rester toute seule la nuit
À voir passer les heures
À voir passer les heures

1989

TOUTE NUE

C'est toute nue
Que je t'aime le plus
Je le sais bien
C'est vexant pour tes robes

Je les aime bien
Mais dans la garde-robe
Ou près du lit
Quand elles tombent su'l'tapis

C'est toute nue que je t'aime le plus

C'est toute nue
Rien de moins rien de plus
Je le sais bien
C'est mauvais pour la mode

Je n'y peux rien
Si la mode m'incommode
Moi les coutures
Ça m'paraît contre nature

C'est toute nue que je t'aime le plus

Certains diront que c'n'est pas très pudique
D'autres penseront que c'est plus romantique
D'autres bien sûr que c'est plus érotique
Moi je vous l'dis c'est plus économique

Le seul vêtement
Qui t'conviendrait vraiment
C'est indécent
Mais ce serait une musique

Que les passants
Sur la rue Saint-Zotique
Chanteraient en chœur
Oubliant leurs malheurs

C'est toute nue que je t'aime le plus

C'est toute nue
Que je t'aime le plus
Je le sais bien
C'est vexant pour tes robes

Je les aime bien
Mais dans la garde-robe
Ou près du lit
Quand elles tombent su'l'tapis

C'est toute nue que je t'aime le plus
C'est toute nue que je t'aime le plus

1974

LE TRÉPAS

Mes pas ont passé dans la neige
La neige a passé sur mes pas
Je n'ai pas eu de «Libera»
J'étais tout seul dans mon cortège

Je me suis fait quelques arpèges
Pour accompagner mon trépas
Je me suis fait quelques arpèges
Pour accompagner mon trépas

En ce jour qui me fut funeste
J'ai bien cherché un croque-mort
Pour mettre le point à mon sort
Et m'indiquer la voie céleste

Aucun n'a voulu de mes restes
J'ai dû tout seul veiller mon corps
Aucun n'a voulu de mes restes
J'ai dû tout seul veiller mon corps

Afin d'avoir des funérailles
Je suis allé voir un curé
Qui mêla le « Dies Iræ »
Et les prières d'épousailles

Le fruit béni de vos entrailles
Et requiescat in pace
Le fruit béni de vos entrailles
Et requiescat in pace

Comme la terre était trop dure
C'était par les grands froids d'hiver
J'ai jeté mon corps à la mer
En manière de sépulture

Mais la glace avait fait soudure
Je me suis retrouvé dans l'air
Mais la glace avait fait soudure
Je me suis retrouvé dans l'air

Pas possible de voir saint Pierre
Pour qui ne passe qu'à demi
C'est bien écrit dans les Écrits
Qu'on doit retourner en poussière

Moi je retourne à la misère
Et vagabonde mon esprit
Moi je retourne à la misère
Le cœur ailleurs le reste ici

1964

LE TRICOT

Comme une femme d'autrefois
Sur une chaise de cuisine
Je m'attarde les soirs de froid
Sur un vieux tricot qui s'obstine
À n'être qu'un tissu de peu
De vers usés de rimes mortes
J'y mets tout le soin que je peux
Avant que le vent ne m'emporte

Ce qu'il en faut des écheveaux
Des balles de laine et de lune
On n'a pas l'oreille qu'il faut
Pour déchiffrer dans la nuit brune
La parole d'un vieil hibou
Qui tiendrait la clé des charades
Le cri venu on ne sait d'où
D'un œil perdu cherchant sa rade

J'aime à rêver que mon tricot
Aura des trous imprévisibles
Et que des fleurs et des oiseaux
Y pousseront irrépressibles
Mais je sais bien que nul vraiment
Ne viendra dans le malheur même
S'en faire un jour un vêtement
Et qu'ainsi mourra mon poème

Il se peut pourtant qu'un enfant
Au hasard de quelque jeu tendre
S'en fasse un tel déguisement
Que vous vous y laisserez prendre
Quand un étonnant cerf-volant
Viendra frapper à votre porte
En vous disant que c'est le temps
De s'envoler des villes mortes

1971

TU DANSES TROP VITE

Toi t'as tout, t'as tous les atouts
T'as le pique et le cœur
Tu me piques le cœur tout partout
Avec ton corps moqueur
T'as toujours, quel que soit l'hiver
Un trèfle à quatre feuilles
Un carreau à peine entrouvert
Où tes stores t'effeuillent

Mais tu danses, tu danses, tu danses trop vite
Et ta musique joue trop fort
Mais tu danses trop vite et ta musique
Joue trop fort

Toi t'as tout, t'as tous les états
T'as tous les états d'âme
D'Ève à Marie en passant par Mata
Hari, tu te fais femme
T'as toujours quelques états seconds
Sur ta liste d'attente
Un étang pour un vagabond
Une étoile insolente

Mais tu danses, tu danses, tu danses trop vite
Et ta musique joue trop fort
Mais tu danses trop vite et ta musique
Joue trop fort

Toi t'as tout, t'as tous les étés
Le plaisir et la plage
Et la voile et la volupté
Les vagues où l'on voyage
T'as toujours quelque soleil au poing
Comme un couteau rebelle
Toi t'as tout et moi je n'ai rien
Que ma chanson fidèle

Mais tu danses, tu danses, tu danses trop vite
Et ta musique joue trop fort
Mais tu danses trop vite et ta musique

Mais tu danses, tu danses, tu danses trop vite
Et ta musique joue trop fort
Mais tu danses trop vite et ta musique

Mais tu danses, tu danses, tu danses trop vite
Et ta musique joue trop fort
Mais tu danses trop vite et ta musique
Joue trop fort

1985

TU VAS VOTER*

Tu vas voter demain mon père
Moi je n'ai pas encore ce droit
Aussi tu penseras j'espère
Que tu le fais un peu pour moi
Toi qui possèdes l'expérience
Tu dois savoir bien mieux que moi
Qu'il n'y aura pas d'autre chance
Qu'il n'y aura pas d'autre fois

Bien sûr j'ai pas fini d'apprendre
Quinze ans c'est bien jeune je sais
Mais c'est assez vieux pour comprendre
Ce que veut dire liberté
On n'a jamais vu dans l'histoire
Un peuple choisir d'effacer
Son propre nom de sa mémoire
Se mettre lui-même au passé

Je sais que ce n'est pas facile
Quand voilà plus de deux cents ans
Qu'on reste là peureux dociles
Bien à l'abri du changement
Mais le changement nous rattrape
Et c'est demain qu'est le tournant
Que s'ouvre ou se ferme la trappe
Sur l'avenir de tes enfants

* Chanson écrite lors du référendum de 1980.

S'il te fallait choisir nos chaînes
Si tu préférais l'autre croix
Tu me verrais partir sans haine
Prendre racine loin du froid
Quelque part en Californie
Où l'anglais se fait moins sournois
Mes fils n'auraient sans nostalgie
Qu'un vague passé québécois

Tu vas voter demain mon père
Moi je n'ai pas encore ce droit
Aussi tu penseras j'espère
Que tu le fais un peu pour moi
Toi qui possèdes l'expérience
Tu dois savoir bien mieux que moi
Qu'il n'y aura pas d'autre chance
Qu'il n'y aura pas d'autre fois

1979

UN ALLER SIMPLE

Chaque fois que je vois dans le ciel
La trace d'un avion
J'imagine un arc-en-ciel
Pour les piétons
J'peux passer des heures à rêver
Dans les aérogares
Le bout du monde est à côté
Du moment qu'on s'égare
Du moment qu'on s'égare

Un aller simple pour ailleurs
Loin d'l'hiver et d'la pluie
Un aller simple pour ailleurs
Là où c'est aujourd'hui
Où tout est nouveau, tout est meilleur
Là où la vie prend le temps
Un aller simple pour ailleurs
Et pour longtemps
Un aller simple pour ailleurs
Et pour longtemps

Chaque fois que j'vois sur des affiches
L'ombre bleue d'un palmier
Sur la peau d'une fille qui s'en fiche
« T'es pas le premier... »
Les yeux sur l'écran des départs
Je fixe et j'ai peur
Mais j'ai que les moyens du bar
Jamais voyageur
Jamais voyageur

Un aller simple pour ailleurs
Loin d'l'hiver et d'la pluie
Un aller simple pour ailleurs
Là où c'est aujourd'hui
Où tout est nouveau, tout est meilleur
Là où la vie prend le temps
Un aller simple pour ailleurs
Et pour longtemps
Un aller simple pour ailleurs
Et pour longtemps

1989

UN BOUT DE CHEMIN

Y a des repas pour deux pas chers
Service et vin compris
Avec un peu d'chance, le dessert
On se le sert au lit
Y a parfois de jolis festins
À la loterie des fesses
Parfois même un bout de tendresse
Pour un bout de chemin
Un bout de chemin

Y a des forfaits pour deux pas chers
Quand on a les moyens
De s'partager le coût d'la mer
Et de ses sables fins
Le décor ça compte pas pour rien
À la loterie des corps
Parfois même ça vous met d'accord
Pour un bout de chemin
Un bout de chemin

Y a des destins pour deux pas chers
Garantis pour la vie
Qui s'enfargent au premier hiver
Sur les notes d'épicerie
C'est jamais gagné pour demain
À la loterie du cœur
On fait de bien jolies erreurs
Pour un bout de chemin
Un bout de chemin

C'est jamais gagné pour demain
À la loterie du cœur
On fait de bien jolies erreurs
Pour un bout de chemin
Un bout de chemin

juillet-septembre 2001

UNE ERREUR DE CALCUL

J'suis v'nu au monde d'une erreur de calcul
Ma moman s'est trompée de pilule
Mon popa changeait trop de position
En sortant je soufflais dans l'condom

À l'école ma maîtresse m'a trompé
On m'a mis parmi les surdoués
J'ai appris à jouer d'la trompette
À genoux dans l'corps des majorettes

    C'est comme ça qu'j'suis tombé dans les bras
    D'une Barbie modèle Kāma Sūtra
    Qui m'a pris pour la flûte enchantée
    Au début j'étais tout enchanté

Jusqu'au jour où ma poupée chérie
A flippé sur mon jeu Atari
J'ai compris qu'elle était mélomane
Quand j'l'ai surprise avec mon walkman

    J'suis parti pour tromper mon ennui
    En camping Fisher Price Safari
    J'essuyais le soir au fond des bois
    Chaque pleur de la biche aux abois

Je suis mort d'une erreur de calcul
Mon GI Joe prenait trop de pilules
Je suis mort d'une balle perdue
Je n'étais rien qu'un malentendu

1982

UNE FOIS POUR TOUTES

Finissons-en une fois pour toutes
Une fois pour toutes finissons-en
Pensons-y donc une fois pour toutes
Une fois pour toutes pensons-y donc

Tout s'rait si simple si dans vingt ans
On dev'nait tous discrètement
Des Américains à plein temps

Tout l'monde s'rait tell'ment soulagé
Si on r'dev'nait les protégés
De Sun Life et de Cadbury

Finissons-en une fois pour toutes
Une fois pour toutes finissons-en
Pensons-y donc une fois pour toutes
Une fois pour toutes pensons-y donc

On pourra garder la Saint-Jean
Notre folklore et nos beaux chants
« Gens du pays » et « V'là le bon vent »

Et si tout s'passe comme ils le veulent
Ils vont nous laisser faire tout seuls
La feuille d'érable pour linceul

Finissons-en une fois pour toutes
Une fois pour toutes finissons-en
Pensons-y donc une fois pour toutes
Une fois pour toutes pensons-y donc

1979

UNE LAMPE S'ALLUME*

Une lampe s'allume
Une lampe s'éteint
Une épaule s'allume
Une épaule s'éteint

Sur la table un bouquet
Se fane et puis renaît
Un ruisseau s'endort
Une étoile se lève

Une lampe s'allume
Une lampe s'éteint
Une épaule s'allume
Une épaule s'éteint

Et toujours un enfant
S'amuse de son corps
Au milieu d'un jardin
Qu'il dessine à mesure

Une lampe s'allume
Une lampe s'éteint
Une épaule s'allume
Une épaule s'éteint

C'est notre simple vie
Chaque jour, chaque nuit
Et tes lèvres mouillées
C'est l'air que je respire

* Musique de Vic Angelillo.

Une lampe s'allume
Une lampe s'éteint
Une épaule s'allume
Une épaule s'éteint

1985

LA VALSE DU BONHEUR

Heureusement qu'on est heureux
Parce qu'autrement on serait ben malheureux
Heureusement qu'on est heureux
Parce qu'autrement on serait ben malheureux

J'aurais donc voulu t'acheter
Vu que c'est ton anniversaire
Une jolie robe décolletée
Mais je n'ai plus de salaire
Je suis devenu chômeur
Pour avoir voulu chanter
Tu vois je déchante astheure
Sur l'air des notes qu'il faut payer

Heureusement qu'on est heureux
Parce qu'autrement on serait ben malheureux
Heureusement qu'on est heureux
Parce qu'autrement on serait ben malheureux

Comme on est sur la finance
Faudrait pas c'est ben dommage
Trop rêver d'prendre des vacances
Même sur l'assurance-chômage
Les p'tits n'ont plus de souliers
Y sont en train d'percer leurs bottes
Sans compter qu'y sont tannés
De manger du beurre de pinottes

Heureusement qu'on est heureux
Parce qu'autrement on serait ben malheureux
Heureusement qu'on est heureux
Parce qu'autrement on serait ben malheureux

Depuis que'qu' temps j'ai l'idée
Qu'on pourrait vendre des affaires
Des livres, du linge, la tévé
Pis p't-être même le frigidaire
Pour prendre des billets de loterie
Ça s'pourrait pas qu'on gagne pas
Si on gagne pas ben tant pis
Y restera le lit pis on s'aimera

Heureusement qu'on est heureux
Parce qu'autrement on serait ben malheureux
Heureusement qu'on est heureux
Parce qu'autrement on serait ben malheureux

Surtout n'allez pas penser
Que c'est une chanson triste
Le jour que je l'ai composée
J'avais une âme d'artiste
Qui ne croit pas au malheur
Qui voit partout du bonheur
Dans l'oiseau et dans la fleur
Faites donc comme lui : chantez en chœur

Heureusement qu'on est heureux
Parce qu'autrement on serait ben malheureux
Heureusement qu'on est heureux
Parce qu'autrement on serait ben malheureux

1974

VENIR AU MONDE

Les moulins à vent sont à vendre
Tous les enfants sont devenus grands
Les derniers fous n'ont qu'à se rendre
L'hiver s'est trompé de printemps
Et l'on souscrit des assurances
On fait l'épargne de son cœur
On compte-goutte ses imprudences
On a tellement peur d'avoir peur

Venir au monde
Une autre fois revoir le jour
Mais cette fois
Naître de ses propres amours
Se mettre au monde
Couper tous les cordons d'avant
Pour simplement
Redevenir son propre enfant

S'il est possible de renaître
Je recollerai tous les éclats perdus
Des anciennes fenêtres
Et je ne vivrai plus
Que pour devenir mon propre veuf
Pour enfin tout recommencer
Avec le corps et le cœur neufs
Sans avenir mais sans passé

Venir au monde
Ouvrir les yeux, tendre les bras
Que chaque fois
Soit la première tant qu'il faudra
Se mettre au monde
À chaque jour, à chaque instant
Pour simplement
Redevenir son propre enfant

1980

LA VITRE VIDE*

Quand la vie n'est plus qu'une vitre vide
Où la pluie lentement bat le temps
Quand on ne tient plus dans ses mains avides
Que le souvenir d'un jardin vacant

Alors on se dit que rien n'aura valu la peine
Ni d'avoir été fidèle à tous ces rendez-vous
Que l'amour aura semés sur sa route incertaine
Ni surtout
Ni surtout

De t'avoir connue ce jour de septembre
Où la pluie lentement souviens-t'en
Par la vitre nue qui berçait la chambre
Se fit un jardin de nos corps battants

Mais il vient d'autres saisons il vient d'autres visages
Et le mien fut effacé dès qu'eut cessé la pluie
Et le jardin dévasté tu repris ton bagage
Et depuis
Et depuis

Ma vie n'est plus rien qu'une vitre vide
Où la pluie lentement bat le temps
Et je ne tiens plus dans mes mains avides
Que le souvenir d'un jardin vacant

1977

* De la comédie musicale *Folies douces*, de Roger Dumas.

Y A TROP DE MORTS

Y a trop de morts dans cette ville
Et pas assez de cimetières
Ça fait que les morts font la queue
Ils sont sur la liste d'attente
Comme à l'assurance-chômage

Alors ils vont au cinéma pour se distraire
Dans les bars dans les discothèques
Même ils vont jusqu'à travailler
Dans les bureaux dans les usines
Ils ont des soucis ordinaires

Ils paient l'impôt comme les autres
Ça dérange pas les technocrates
Ils ont l'air de parfaits vivants d'ailleurs
Ils se font même des enfants pour tuer le temps
Et des femmes mortes les aiment

On en trouve dans les églises
Parfois le dimanche à la messe
Tant dans la nef que dans le chœur
Ils croient assister aux funérailles d'un autre
Mais c'est bien des leurs qu'il s'agit

Je le dis car c'est menaçant oui vraiment
Pour la santé de la société
Des morts en chapeau en manteau
Qui boivent du Pepsi pour se donner l'air de bouger
Monsieur le premier ministre faites quelque chose
Si vous n'êtes pas des leurs

1968

Chansons jamais enregistrées

Les amours de quinze ans
Au mois de mai
Ce qu'elle a de plus joli
C'est en toi
Chanson d'hiver
Comme les roses
Comme un soleil
Complainte
Départ
L'étrange pays
J'imagine une ville
Les jours s'en vont
Les longs voyages
La magie d'être ensemble
Les moutons
Noces
Le nouveau monde
Présence
Le professeur
Rien qu'une chance
La samba sans raison
Sur mon piano
Toi qui pars

Remerciements

Nous remercions Gilles Vigneault qui a aimablement autorisé la reproduction des chansons suivantes, tirées de *Entre écrire*, publié aux Nouvelles Éditions de l'Arc, coll. « de L'escarfel », 1982 :

Les amours anciennes ; Aquarelle ; Les autoroutes ; Avec une craie blanche ; La banlieue ; La Basse-Ville ; Le blues du courrier ; La cage d'oiseau ; Carte postale ; La chanson de Pierrot ; Chanson du bord de l'eau ; Le chanteur indigène ; Les chemins sont durs ; La complainte de l'enfant distrait ; Country Song ; Le croque-mort à coulisse ; Dans l'île ; Décembre ; Du nord au sud ; L'embellie ; La ficelle ; Fleurs de grésil ; Le fleuve ; Germinal ; Il pleut il neige ; L'invité ; Kerouac ; Lettre de Toronto ; Lettre sans adresse ; Marie-Hélène ; Moman est là ; Notre chambre ; Notre fille ; Notre vie ; Le nouveau monde ; Old Orchard ; La partie de hockey ; Partis de zéro (À frais virés) ; Petit blues pour Éric ; Petit matin ; Programme double ; Quand même ; Quelque part dans un bar ; La règle du jeu ; Rien à déclarer ; Le temps de nous aimer ; Le temps des chansons ; Toi l'ami ; Ton épaule m'attend ; Le tricot ; Venir au monde.

Postface

Sylvain Lelièvre, poète d'aujourd'hui

Sylvain Lelièvre compte dorénavant parmi le cercle restreint des poètes de la chanson de langue française avec Félix Leclerc, Boris Vian, Brassens, Brel et Ferré, Barbara et Anne Sylvestre, Julos Beaucarne, Jacques Bertin et Michel Buhler, Jean-Paul Filion, Jacques Blanchet, Clémence DesRochers, Claude Gauthier, Jean-Pierre Ferland, Gilles Vigneault et quelques autres. C'est bien cette histoire de la chanson qui nous a donné un Sylvain Lelièvre.

La chanson est sœur de la poésie quand son texte porte, plus loin que l'émotion immédiate, une vision de l'humanité et de notre destin. Certes, tout poème n'est pas chanson et la chanson n'est pas le poème. Mais la chanson de ces poètes fait le pont entre la culture savante et la culture populaire, entre le regard de la littérature et le sentiment de vivre au quotidien, par la qualité de sa parole. Ici, la chanson n'est pas un art mineur, mais elle met à disposition du plus grand nombre ce qu'on appelle l'art poétique. Elle s'assume assurément comme poésie dans une réinvention du langage. À la manière du poème, son texte porte déjà son rythme, sa cadence, sa couleur, sa musique intérieure où se marient le son et le sens.

Mais comment expliquer que, si la chanson n'est pas le poème, elle puisse tout de même participer de la poésie ?

Depuis Baudelaire et Apollinaire, le poème réinvente sa forme en vers libres et en prose. Mais la chanson – musique oblige ! – doit rester fidèle à la prosodie traditionnelle. La chanson explore autrement que le poème sa durée littéraire. Elle tire ses leçons des premiers troubadours du Moyen Âge, puis de Villon et de Rutebeuf, elle se fonde sur les formes premières de la langue française, qu'elle fait évoluer à sa manière. N'oublions pas que les poèmes de Ronsard étaient mis en musique et chantés. Le poème est à l'origine de la chanson. On a toujours chanté la poésie, jusqu'au XVIe siècle tout au moins.

Félix Leclerc, le premier, a renoué avec les troubadours. Comme l'a démontré le poète français Luc Bérimont dans son essai de la célèbre collection « Poètes d'aujourd'hui », Félix Leclerc a compris qu'il fallait réintroduire la poésie authentique dans la chanson. Le 22 décembre 1950 sur la scène de l'A.B.C., il s'est avancé seul, une guitare à la main et ses poèmes aux lèvres, il a libéré la chanson du music-hall et lui a donné ses lettres de noblesse. Depuis « Le p'tit bonheur » et « Bozo », la chanson est devenue poésie, elle s'enchante des « choses inutiles » et chante par elle-même l'énigme d'exister et la passion de vivre.

Sylvain Lelièvre, à son tour, des « amours anciennes » aux « amants de Sarajevo », jusqu'à l'écriture souveraine des *Choses inutiles* et la liberté musicale de *Versant Jazz*, s'est fait durant trente ans l'écrivain de notre monde, et ses chansons composent le blues contemporain de l'amour et de la révolte, de la colère et de la tendresse. Chez lui, le poétique est aussi politique et la vie collective concerne l'individu.

Sylvain Lelièvre, que Gilles Vigneault considère comme un fils spirituel, est l'aîné de Michel Rivard, Plume Latraverse et Richard Desjardins ; il est aussi un descendant de Rutebeuf et Ferré, de Félix et Brassens, de Brel et Jacques Blanchet. Il compte parmi ceux qui honorent le genre par la qualité de leur présence. Il est un écrivain de la chanson. Passionné de musique et de poésie, mais aussi d'humanité, il a exploré les formes de la chanson jusqu'à traduire, de façon aussi juste que dissidente, l'histoire de notre temps. Voilà pourquoi son œuvre continue de nous émouvoir. Il entre dans l'histoire de la chanson comme un poète interroge le spectacle du monde.

Quand je l'ai connu, au début des années soixante, Sylvain Lelièvre voulait devenir architecte. Puis son destin l'a conduit à la faculté des lettres. J'admirais mon jeune ami pour son intelligence de mathématicien et sa sensibilité de musicien. Il apprenait avec passion les lois de l'harmonie musicale, à l'écoute de Bach et de Mozart, mais aussi de Coltrane et de Gershwin.

Sylvain faisait de l'art comme on entre dans la vie: avec un goût de la perfection qu'il ne perdra jamais. Il avait un talent immense et il a choisi de le développer en chansons. Une à une, les mélodies de son rapport au monde, les paroles de ses rêves ont rejoint notre propre désir d'habiter la planète un peu mieux.

« En composant des chansons, a-t-il dit, j'ai le sentiment de faire un métier d'écrivain. Je ne cherche pas à mettre de la musique sur l'air du temps. Comme un écrivain qui se respecte, je vais aussi loin que possible au-dedans de moi, et c'est là que je trouve ce que j'ai en commun avec les autres. »

Au fil des ans et des refrains, la chanson d'inspiration littéraire de Sylvain Lelièvre est devenue littérature à part entière et tout à fait personnelle. Sa chanson a pris du mordant et des accents inédits. Elle s'est incarnée dans les mots de la douleur réelle et de la continuité de l'amour, de l'enfance à la mort. La tendresse a pris possession peu à peu de l'univers du poète. L'érotisme et l'amour dans le couple lui ont inspiré des chefs-d'œuvre comme « Au milieu de nous deux », « La chanson du bord de l'eau » et « La lanterne magique ».

La vie de Sylvain Lelièvre s'est faite aussi dans des chansons qui explorent le sentiment de vivre dans toute son ampleur. Le poète du quotidien a des préoccupations sociales. Au « Blues pour Éric » succédera en écho « Place T'ien an men ». Les chansons sur des moments de bonheur ne feront pas oublier la responsabilité personnelle et la conscience sociale de l'homme. Devant la splendeur de la mer ou le merveilleux monde de l'enfance, le poète n'oubliera pas les douleurs des enfants du Brésil, du Sahel, de la Palestine ou de l'Afrique du Sud. De même, la solitude absolue de l'adolescence et les nécessités d'une conscience écologique, tout comme le respect des droits de l'homme et le sens de la liberté, font les chansons d'un Sylvain Lelièvre parfois même pamphlétaire ou tout au moins sans compromis avec les différents systèmes de propagation de la mort.

Certes, Sylvain Lelièvre ne vous cassera pas les oreilles de sa musique ni ne vous lancera de mots obscènes. Sa voix est celle d'un homme qui veut chanter et envelopper notre âme en douce, en profondeur. Ses chansons nous arrivent comme des lettres d'amitié qui racontent les violences du monde sans les mimer, qui expriment notre temps pour le sauver de la catastrophe, qui chantent pour ne plus déchanter.

Enfant de Limoilou mais citoyen de la planète, Lelièvre regarde le Québec avec autant d'exigence qu'il peut en avoir pour lui-même. Des chansons comme « Drôle de pays » et « Tu vas voter » sont d'un poète engagé envers l'avenir de ses compatriotes. En cela, Sylvain Lelièvre est fidèle à ses aînés, Félix Leclerc et Gilles Vigneault. Mais encore, il pousse la réflexion jusqu'à sa présence de poète indépendant et libre des contraintes des commerçants. Des chansons comme « Le chanteur indigène », « Lettre de Toronto », « Le tricot », « Je flâne en chemin » nous font entendre un artisan constamment préoccupé de son métier. « J'y mets tout le soin que je peux / Avant que le vent ne m'emporte », écrit-il.

Gilles Vigneault, son premier éditeur, a bien pu dire, pour souligner les trente ans de métier de son cadet, qu'il aurait « aimé signer les chansons de Sylvain Lelièvre », après avoir entendu « Pantalon gris et veston bleu » :

Dans la maison, y a mon piano
– Mon premier baiser, mon dernier naufrage –
Où sur l'ancien métier des mots
Quelque chanson dort à l'ouvrage

À l'époque du clip et du *fast food*, ce langage va contre tous les autres langages. C'est celui du poète. Lui qui prend le temps de vivre et de rêver, le temps de sa conscience et de sa colère. Car le poète est un artisan du langage personnel. Il ne va pas se laisser engouffrer dans les modes. Il va se tenir dans la marge. Il va faire bande à part pour rester lui-même. Il va refuser de vendre son âme afin de garder sa voix.

Au fil des années, sa chanson s'allie au jazz. Son écriture, fluide et précise comme celle de Brassens, fait glisser la langue française dans un jazz libre et léger, qu'on voit apparaître dans des pièces comme « Le blues du courrier » et « La règle du jeu », par exemple. En ce sens, on peut considérer « Tombouctou » comme le sommet d'un langage maîtrisé, alliant la légèreté à la gravité. Par le chemin du jazz, le poète et musicien est arrivé à exprimer librement son âme profonde, jusqu'à son dernier disque, Versant Jazz, souveraine signature.

Cette voix unique de Sylvain Lelièvre s'élève parmi celles des poètes, des musiciens et des artistes qui nous touchent de tout temps. Ainsi, Lelièvre est devenu un classique de notre époque. D'ailleurs, son univers poétique ne se propose pas en exil. Au contraire. Il évoque les cultures avec un bonheur évident. Dans les textes de l'auteur de « Toi l'ami », on rencontre des artistes inoubliables ; Félix, Mozart ou Coltrane, mais aussi Chaplin et Gershwin, Rimbaud, Miron et Pachelbel, les Rolling Stones, Elvis et, bien sûr, les Beatles habitent ses chansons. En somme, la culture s'impose comme un thème fondamental de l'univers de Sylvain Lelièvre. La culture comme la pensée du monde. La culture comme la mémoire du désir de vivre. La culture comme destin.

Sylvain Lelièvre a choisi d'être l'écrivain qui nous propose un monde enfin habitable. Et pour cela il a su, mieux que d'autres, que la poésie, encore aujourd'hui, peut se faire chanson sur un mode majeur.

JEAN ROYER

DOSSIER

Sylvain Lelièvre

Chronologie

1943	Naissance dans la Basse-Ville de Québec, dans le quartier Saint-Sauveur.
1960	Compose sa première chanson à 17 ans.
1961-1963	Fréquente l'École d'architecture de l'Université Laval.
1963	Remporte le premier prix du concours international *Chansons sur mesure* avec « Les amours anciennes ». Tout en étudiant en lettres, il écrit des chansons, des poèmes ainsi que des textes pour le théâtre et la radio et se produit sur scène.
1966	Obtient une licence en lettres de l'Université Laval.
1968	Quitte Québec pour s'installer à Montréal.
1969	Publie un recueil de poésie, *Les trottoirs discontinus*.
1972	Publie un second recueil de poésie, *Les sept portes*.
1973	Sortie d'un premier 33 tours intitulé *Sylvain Lelièvre*.

1975	Enregistrement d'un 33 tours dont la chanson-titre, « Petit matin », figure rapidement sur le palmarès des radios du Québec.
1976-1977	Compose la musique de deux comédies musicales, *Les héros de mon enfance*, de Michel Tremblay, et *Folies douces*, de Roger Dumas.
	La chanson « Marie-Hélène » connaît un grand succès et impose le style unique du compositeur et de l'interprète.
1981	Il reçoit le Félix de la meilleure réalisation pour l'album *Venir au monde*.
1983	Premier récipiendaire de la Médaille Jacques-Blanchet qui souligne « la persistance dans la qualité », tant littéraire que musicale, de son œuvre.
1994	Son album *Qu'est-ce qu'on a fait de nos rêves ?* lui vaut le Félix du meilleur auteur-compositeur-interprète.
	Publication d'*À mots découverts*, florilège de ses chansons, chez VLB éditeur.
1996	Il publie un premier roman, *Le troisième orchestre*, chez Québec Amérique.
1998	Son album *Les choses inutiles* est unanimement acclamé par la critique.
2000	Son coffret *L'intégrale 1975-1989* est récompensé par le Félix de la compilation de l'année.
	Participe au Festival international de jazz de Montréal et conçoit ensuite son spectacle *Versant Jazz*.
2001	Spectacle *Versant Jazz* en sextette, au Lion d'Or.

2002 Supplémentaires du spectacle *Versant Jazz*, en février, et sortie du CD *Versant Jazz, Live au Lion d'Or*.
Il décède le 30 avril, alors qu'il revenait des Îles-de-la-Madeleine où il avait animé une semaine d'ateliers d'écriture.
Il reçoit le Félix de l'album jazz de l'année pour le volume 1 de *Versant Jazz, Live au Lion d'Or*.

Discographie

Sylvain Lelièvre, Montréal, Le Nordet, GVN-1001, 33 tours, 1973.
Repris dans le coffret *Chansons retrouvées*, CD 2, 2008.

Toi l'ami – Notre vie – La partie de hockey – Hiroshima – Le fleuve – Commencez à vivre autrement – Dans l'île – Y a trop de morts – Quand je pense – Germinal – Le tricot

Petit matin, Montréal, Le Nordet, GVN-1006, 33 tours, 1975.
Repris dans *L'intégrale 1975-1989*, CD 1, 2000.

Le blues du courrier – La Basse-Ville – Du nord au sud – Petit matin – J'ai perdu trop de temps – Old Orchard – La complainte de l'enfant distrait – Tombouctou – L'invité – La valse du bonheur

Programme double, Montréal, Presqu'île, PE-7503, 33 tours, 1976.
Repris dans *L'intégrale 1975-1989*, CD 1, 2000.

Marie-Hélène – Qui saura jamais – Aquarelle – Programme double – L'embellie – Drôle de pays – Le fleuve – Country Song – La chanson de Pierrot – Toi l'ami

Sylvain Lelièvre, Montréal, Presqu'île, PE-7509, 33 tours, 1978.
Repris dans *L'intégrale 1975-1989*, CD 2, 2000.

Kerouac – Fleurs de grésil – Poucet et Chaperon – Le chanteur indigène – Chanson du bord de l'eau – Lettre de Toronto – Hiroshima – La vitre vide – Notre chambre – Le temps des chansons

Intersections, Montréal, Presqu'île, PE-7518, 33 tours, 1979.
Repris dans *L'intégrale 1975-1989*, CD 3, 2000.

Tu vas voter – La banlieue – Moman est là – La nuit est douce – Provisoirement (instr.)– Les autoroutes – Quelque part dans un bar – Le coup du téléphone – Décembre – Une fois pour toutes

13 (compilation), Montréal, Maison Saint-Denis, SD-3003, 33 tours, 1980.

Moman est là – Marie-Hélène – Petit matin – Le chanteur indigène – Le coup du téléphone – Programme double – Lettre de Toronto – Old Orchard – Le blues du courrier – Fleurs de grésil – La banlieue – Toi l'ami

Venir au monde, Montréal, Kébec-Disc, KD-529, 33 tours, 1981.
Repris dans *L'intégrale 1975-1989*, CD 2, 2000.

Dans le métro – Carte postale – Le croque-mort à coulisse – La règle du jeu – Tombouctou – Venir au monde – La ficelle – Quand même – La cage d'oiseau – Clandestins

À frais virés, Montréal, Kébec-Disc, KD-569, 33 tours, 1983.
Repris dans *L'intégrale 1975-1989*, CD 3, 2000.

Rien à déclarer – Le drop-out – Mettez d'la ouate si ça fait mal – La badloque – La complainte de l'enfant distrait – Rock, banana-split et crème-soda – Une erreur de calcul – La partie de hockey – La corde de *la* – À frais virés

Le chanteur indigène (compilation), Paris, Kébec-Disc, KD 569-RC 250, 33 tours, 1984.

Lettre de Toronto – Rock, banana-split et crème-soda – Une erreur de calcul – Le drop-out – Le chanteur indigène – Petit matin – La badloque – Fleurs de grésil – Le coup du téléphone – Marie-Hélène

Lignes de cœur, Montréal, Kébec-Disc, KD-641, 33 tours, 1986.
Repris dans *L'intégrale 1975-1989*, CD 4, 2000.

La lune grise – Quand nous aurons gagné la mer – Tu danses trop vite – T'en fais pas, tu l'auras – Lignes de cœur – Une lampe s'allume – Overdose – La dame de passage – La clé du piano

Un aller simple, Montréal, Kébec-Disc, KD-663 (33 tours), KDC-663 (CD), 1989.
Repris dans *L'intégrale 1975-1989*, CD 4, 2000.

Je flâne en chemin – Au milieu de nous deux – Tout ça pour tromper l'ennui – Quelque part un enfant – Tôt ou tard – Un aller simple – Peine perdue – Place T'ien an men – Ne coupe pas le mûrier – La lanterne magique

Ses plus belles chansons (compilation), Montréal, Kébec-Disc, KDC-672, CD, 1991.

Petit matin – Marie-Hélène – Lettre de Toronto – Kerouac – Fleurs de grésil – Le chanteur indigène – Chanson du bord de l'eau – Moman est là – La banlieue – Tombouctou – Le croque-mort à coulisse – Venir au monde – La complainte de l'enfant distrait – Le drop-out – T'en fais pas, tu l'auras

Qu'est-ce qu'on a fait de nos rêves?, Montréal, Naïma, NAC-9401, CD, 1994.
Enregistrement public au théâtre Petit-Champlain – Maison de la chanson à Québec, les 22 et 23 octobre 1993.

Pantalon gris et veston bleu – Je descends à la mer – Qu'est-ce qu'on a fait de nos rêves? – Partis de zéro – Les amours anciennes – La cage d'oiseau – Dimanche trois quarts (instr.) – Les mots perdus – Petit matin/Old Orchard – Tombouctou – Toi l'ami

Les choses inutiles, Montréal, Naïma, NAC-9402, CD, 1998.

Les choses inutiles – Le joueur de piano – Le plus beau métier – Drummondville – Quand le saxo... – Les enfants de Lascaux – Je n'y suis pour personne – Petit désespoir – Le vent du fleuve – Gravelbourg – Les choses inutiles (instr.)

L'intégrale 1975-1989, Montréal, GSI Musique, NAC-4-9407, CD, 2000.
Cette intégrale contient les huit albums de Sylvain Lelièvre sortis entre 1975 et 1989.

Disque 1: *Petit Matin* (1975) et *Programme double* (1976)
Disque 2: *Sylvain Lelièvre* (1978) et *Venir au monde* (1981)
Disque 3: *Intersections* (1979) et *À frais virés* (1983)
Disque 4: *Lignes de cœur* (1986) et *Un aller simple* (1989)

Versant Jazz, Live au Lion d'Or, volume 1, Montréal, Naïma, NAC-9408, CD, 2002.
Enregistré en direct au Lion d'Or à Montréal, les 22, 24 et 25 novembre 2001.

Le joueur de piano – Abraham et papa – Le coup du téléphone – Quand le saxo… (instr.) – Blouse blanche (instr.) – Le croque-mort à coulisse – Un bout de chemin – Marie-Hélène – Laisser-aller (instr.) – La légende (instr.) – Le blues du courrier – Round Midnight (instr.)

Le plus beau métier (compilation), Montréal, GSI musique, GSIC-902, CD, 2003.

Le plus beau métier – Petit matin – Old Orchard – Le blues du courrier – La Basse-Ville – Marie-Hélène – Lettre de Toronto – Fleurs de grésil – Le chanteur indigène – Chanson du bord de l'eau – Toi l'ami – Moman est là – La banlieue – Venir au monde – Qu'est-ce qu'on a fait de nos rêves ? – Le joueur de piano – Abraham et papa – Les choses inutiles

Versant Jazz, Live au Lion d'Or, volume 2, Montréal, GSI Musique, GSIC-2-899, CD + DVD, 2004.
Enregistré en direct au Lion d'Or à Montréal, les 22, 24 et 25 novembre 2001.

Je flâne en chemin – Pantalon gris et veston bleu – Drummondville – Solitude (instr.) – Venir au monde – Lettre de Toronto – Petit matin/Old Orchard – Tombouctou – Les choses inutiles – Send in the clowns

Chansons retrouvées, Montréal, GSI Musique, GSIC-3-562, CD + DVD, 2008.

Disque 1 (enregistrements inédits de 20 chansons interprétées lors d'un spectacle au collège Saint-Jean-Eudes en 1966 et en concert à la radio de Radio-Canada) : Avec le vent (1966) – Québec (1966) – La pluie au vent (1966) – Le trépas (1966) – Dans la main d'un nuage (1966) – Le temps de nous aimer (1968) – Chanter (1968) – Petit blues pour Éric (1968) – Notre fille (1968) – Avec une craie blanche (1968) – Avec une craie blanche (1997) – Le député (1968) – Le joueur de blues (1968) – Les chemins sont durs (1968) – La chaîne (1968) – Pour me souvenir (1968) – Je t'aime plus (1968) – Les cheminées (1968) – Chez Dagenais (1997) – Marie-Hélène (instrumental à deux pianos, 2001)

Disque 2 : reprise des chansons du premier album intitulé *Sylvain Lelièvre* (1973)

Le DVD contient des extraits d'émissions, le récital « Le lac des Fées » (1980), deux vidéoclips et un hommage à Sylvain Lelièvre « Qu'est-ce qu'on a fait de nos rêves ? »

Bibliographie

Les trottoirs discontinus, poèmes, Québec, Éditions de l'Arc, 1969.

Chansons, chansons, Québec, Éditions de l'Arc, 1969.

Les sept portes, poèmes, Montréal, Nouvelles Éditions de l'Arc, 1972.

Entre écrire, poèmes et chansons, Montréal, Nouvelles Édition de l'Arc, 1982.

À mots découverts, chansons, Montréal, VLB éditeur, 1994.

Le troisième orchestre, roman, Montréal, Québec Amérique, 1996 ; Montréal, Québec Loisirs, 1997.

Réception critique

« Sylvain Lelièvre : un orfèvre de la chanson. »

PIERRE BEAULIEU
La Presse, 27 mai 1978

« Le plus beau métier a perdu son artisan. Sylvain Lelièvre était d'abord et avant tout cela : artisan de la chanson d'ici, au sens le plus noble du mot, au sens d'un métier que l'on tisse. »

PAUL CAUCHON
Le Devoir, 1er mai 2002

« Écrivain de la chanson, jazzman de la poésie, Sylvain Lelièvre a su rester populaire sans jamais diluer son talent. Il aimait Bach, Mozart, Coltrane, Gershwin. Il s'inspirait aussi bien de Rutebeuf que des Beatles. »

RÉGIS TREMBLAY
Le Soleil, 1er mai 2002

« Sylvain, c'est un pilier majeur de la chanson d'ici. C'est une grande référence ! Il disait notre quotidien d'une manière exemplaire. Il était devenu parmi les meilleurs de notre chanson. »

GILLES VIGNEAULT
Le Soleil, 1er mai 2002

« Ce que j'aimais déjà de Sylvain Lelièvre et que j'ai toujours continué d'admirer, aussi bien dans la musique que dans ses textes, c'est le mélange de culture et de fraîcheur, la fidélité à ses origines, à ses gens et à son grand rêve, l'ouverture lucide sur le monde et la constante invention de formes nouvelles. »

PIERRE MORENCY
Voir, 2 au 8 mai 2002

« Qu'on ne s'y trompe pas, il s'agit d'une “œuvre”. Par sa puissance d'évocation, par la musicalité de sa poésie, par la récurrence de ses thèmes, la fidélité à lui-même, la continuité et la rigueur du propos. C'est une œuvre parce que les chansons de Lelièvre lui survivront longtemps après l'éphémère frénésie qui accompagne la mort des grands artistes. »

PIERRE CAYOUETTE
Le Devoir, 4 mai 2002

Table

Cet ouvrage composé en Sabon corps 9 a été achevé d'imprimer au Québec
le vingt-deux mai deux mille huit sur papier Quebecor Enviro 100 % recyclé sur les
presses de Quebecor World à Saint-Romuald pour le compte des Éditions Typo.